《精神现象学》与现代西方哲学中的历史叙述问题

刘超 著

图书在版编目（CIP）数据

《精神现象学》与现代西方哲学中的历史叙述问题 / 刘超著. -- 北京：九州出版社，2020.8
ISBN 978-7-5108-9260-8

Ⅰ. ①精… Ⅱ. ①刘… Ⅲ. ①黑格尔(Hegel, Georg Wehelm 1770-1831)－现象学－研究②西方哲学－现代哲学－研究 Ⅳ. ①B516.35②B089③B505

中国版本图书馆CIP数据核字(2020)第121135号

《精神现象学》与现代西方哲学中的历史叙述问题

作　者	刘超 著
出版发行	九州出版社
地　址	北京市西城区阜外大街甲35号（100037）
发行电话	(010) 68992190/3/5/6
网　址	www.jiuzhoupress.com
电子信箱	jiuzhou@jiuzhoupress.com
印　刷	三河市兴博印务有限公司
开　本	880毫米×1230毫米 32开
印　张	6.25
字　数	120千字
版　次	2020年8月第1版
印　次	2020年8月第1次印刷
书　号	ISBN 978-7-5108-9260-8
定　价	48.00元

★版权所有　侵权必究★

目 录

导 言 ··· 1

第一章 《精神现象学》的历史方法············· 11
一、《精神现象学》的历史结构与历史叙述方法....... *15*
二、"历史理性"的封闭性与"历史经验"的开放性............. *25*

第二章 历史叙述的真实性:"意识经验"与系统性的辩证法 ··· 37
一、辩证法作为"历史叙述"的整体性方法.................... *37*
二、如何在"历史"的"发展和运动"中看待"哲学"............ *47*
三、陈述"意识经验"的"历史运动"的《精神现象学》......... *61*

第三章 "历史发展"的社会结构······················· 81
一、主人和奴隶的辩证法.. *81*
二、"劳动"历史观.. *89*
三、马克思资本主义批判视野中的"世界历史"问题............ *95*

第四章 "现代"的时代意识与"历史叙述"的

  起源……………………………………… 125

 一、"后黑格尔"哲学中的"时间（时代）意识"……… *125*

 二、"现代"的"时间结构"分析………………………… *138*

第五章 历史话语的结构与历史"发生"的叙述 …… 161

 一、阿尔都塞：历史叙述的问题结构…………………… *163*

 二、德里达："（历史）发生"的分析…………………… *180*

导　言

1

　　康德的《纯粹理性批判》和黑格尔的《精神现象学》已经构成了整个现代西方哲学的方法骨架。如果我们突破"单线进化"的历史观，把20世纪的西方哲学比作一种周而复始的圆周运动，则对这两本书的解读就是圆心。然而，"20世纪绝大部分时期，哲学学生（至少是在说英语的世界中）会被一些冒失并且无用的评价黑格尔的言论所绑架，比如，伯特兰·罗素和卡尔·波普尔都对黑格尔做出了马虎、似是而非且不可饶恕的评论，毒害了整整几代哲学家。然而，黑格尔值得一个公平的解读……在展开这个公平的评定过程中，我们可能要考虑把黑格尔的哲学看作一把重要的钥匙，而这把钥匙几乎可以打开自19世纪中期以来西方传统中的每一个潮流。"①

如果说黑格尔在20世纪的英语世界受到了不公正的忽视甚至唾弃，那么他在同期欧洲大陆上的经历，或许能使他稍感安慰。20世纪的欧洲大陆上涌现了一批以迥异于19世纪的传统黑格尔主义的方法和问题意识来解读和研究黑格尔哲学尤其是《精神现象学》的学者，如卢卡奇、海德格尔、柯耶夫、伊波利特、萨特、伽达默尔、哈贝马斯、阿尔都塞和德里达等，他们在研究方法上的一个共同之处，就是通过对《精神现象学》所表达的哲学思想尤其是关于"历史"的哲学思想的重述，将《精神现象学》的主题和语言与现象学、语言哲学、西方马克思主义等现代哲学融合起来，形成一种"精神现象学"的"历史叙述"的系统方法。

从黑格尔的《精神现象学》中，我们可以看到现代西方历史观形成中的一个关键结构，用海德格尔的话来说，它构成了西方"在场形而上学"的历史观在现代世界中的最系统、也是最典型的代表，它对于我们理解自己生活于其中的这个"现代世界"，对我们理解自己生存在这个世界上的历史意义的方式，对我们在历史中所能看到、体验到和说出的东西具有起源性的影响。20世纪在西方兴起的"存在主义（现象学）""语言学

---

① [英] 马塔雷斯:《从黑格尔出发》，陈明瑶、叶卫挺译，哈尔滨:黑龙江教育出版社2017年版，4—5页。

转向""结构主义""现代性"反思和"后现代主义"等思想潮流,都可以看作是对这种历史观和历史方法的正面或反面的回应。不过,源于《精神现象学》的黑格尔的历史思想,也不可能脱离它对当代哲学的"影响"和"决定作用"而得到忠实的叙述:我们可以不讲《精神现象学》对卢卡奇、海德格尔、柯耶夫、伊波利特、萨特、伽达默尔、哈贝马斯、阿尔都塞和德里达们在思想上的影响,而仅仅依赖《精神现象学》的"文本"来客观地叙述《精神现象学》的哲学思想吗?我认为是做不到的——当然这种做法的反面,即仅仅依赖于对黑格尔在当代哲学中的影响和决定作用的叙述,却不在叙述这种哲学史方面的影响和决定作用的同时去努力把《精神现象学》的文本"重述"为一个"系统",同样是不能反映"精神现象学"的"真实面貌"的。因为一方面,"黑格尔哲学本身除了理论上、逻辑上的局限性之外,还受到历史和时代精神的必然限制,这些限制是随着现代哲学思考的发展日益暴露出来的。"[1]另一方面,"他处于时代转向的转折点上,他的哲学思想中所隐含的那些现代思想的萌芽,只有通过现代的思维方式、立场和角度,乃至于使用现代哲学的某些术语,才能得到发掘。"[2]

---

[1] 邓晓芒:《思辨的张力——黑格尔辩证法新探》,长沙:湖南教育出版社1992年8月版,第8页。
[2] 邓晓芒:《思辨的张力——黑格尔辩证法新探》,长沙:湖南教育出版社1992年8月版,第9页。

按维尔纳·马克思的观点，则当代最理想的《精神现象学》研究方法应该是这样的：它既能在总体上提出海德格尔式的、属于我们这个时代的深刻的哲学问题，同时又能在文本的历史语言分析方面严格地以"内在于著作"的方式进行——当然，正如维尔纳·马克思指出的，这种方式即使再严格，也依然受到我们这个时代特有的"历史意识"的制约。而将哲学与历史意识融合起来，将抽象的理性哲学话语，消融于充满真实体验的历史叙述中，则不仅是《精神现象学》在哲学史上独一无二的方法价值所在，甚至也是整个黑格尔哲学对现代哲学的最大启示。

2

《精神现象学》是黑格尔最富有历史精神的著作，在其中黑格尔对"历史"的理解表达得最充分，在其中，黑格尔虽然没有像卢卡奇、海德格尔、伽达默尔和德里达那样对"历史性"和"历史"进行主题化的系统哲学探讨，但却正如维尔纳·马克思指出的那样，这本书却是以"现象学"方法进行"历史叙述"的"开端"："关于历史对于现象学的意义以及其历史性的特殊类型的追问，始终没有停止。精神现象学所特有的历史性，存在于'序言'中，也存在于这部著作的结论性章节中，但主要是在这部著作陈述出的发展的整个运动过程之中。"①"它可以是从完成了的体系的视野出发并指向现象学的,从而就变成这样的问题,即从一个自我封闭的自主体系看来,现象学本身的目的和任务可能是什么。"②

如何在一个封闭的体系中"叙述"作为"意识经验"的"发展运动"的"整个历史"?沿着《精神现象学》中历史方法的思路,我们可以较为清晰地描述出卢卡奇、海德格尔、柯耶夫、萨特、阿尔都塞、德里达等哲学家对一种旨在表达"意识经验"和"语言(系统)"的"辩证法"的历史思想的贡献,这种历史思想不仅是"从完成了的体系的视野出发并指向现象学的",而且试图通过系统地叙述发展运动中的"意识经验"来"展示"一种具有历史-系统的"真实性"的"历史叙述"的"方法"。

黑格尔在《逻辑学》的"导论"中说:"通常所了解的逻辑的那种东西,是完全没有顾及形而上学的意义而被考察的。这门科学,在它现在的情况下,当然没有像常识所认为的实在和真实事情那一类的内容。但它并不因为这个理由就是一门形

---

① [德]维尔纳·马克思:《黑格尔的〈精神现象学〉——"序言"和"导论"中对其理念的规定》,谢永康译,北京:人民出版社2014年版,第5页。
② [德]维尔纳·马克思:《黑格尔的〈精神现象学〉——"序言"和"导论"中对其理念的规定》,谢永康译,北京:人民出版社2014年版,第5—6页。

式的、缺乏有内容的真理的科学。"① "在《精神现象学》中,我曾经从意识与对象的最初的直接对立起直到绝对的知这一前进运动,这样来表述意识。这条道路经过了**意识与客体的关系**的一切形式,而以**科学的概念**为其结果。"②

"精神现象学"是意识的"主客对立"层次上对于意识向"科学概念"的"发展"的"历史"的完整表述,"科学的概念"是作为这一"历史"的"结果"而表述出来的。而在《逻辑学》中,黑格尔要做的事情,是把"精神现象学"所获得的这个成果,直接作为出发点("开端"),从而可以在不再表述这一历史的情况下,去直接表述科学的纯概念(范畴),"所以这种概念(且不说它是在逻辑本身以内出现的),在这里无须论证,因为它在自身那里已经得到了论证;并且它除了仅仅由意识使它发生而外,也不能有其他的论证;意识特有的形态全部都消解于概念之中,正如它们之消解于真理之中那样。——科学概念的推理或说明,最多做到使概念呈现于观念之前,并从那里获取历史的知识。"③

除了"精神现象学"所形成的"历史的知识",科学并没有什么可以用"纯概念"加以规定的"开端",而且,脱离了

---

① [德]黑格尔:《逻辑学》上卷,杨一之译,北京:商务印书馆1966年版,第29页。
② [德]黑格尔:《逻辑学》上卷,杨一之译,北京:商务印书馆1966年版,第29—30页。
③ [德]黑格尔:《逻辑学》上卷,杨一之译,北京:商务印书馆1966年版,第30页。

"精神现象学"所形成的"历史的知识","逻辑学"也不可能有任何"证明",因为所谓逻辑的"证明",无非是把概念以一种正在意识中"发生"的"经验(体验)"的形式呈现出来而已。"因为精神现象学不是别的,正是纯科学概念的演绎","绝对的知(das absolute Wissen)乃是一切方式的意识的**真理**,因为正如意识所发生的过程那样,只有在绝对的知中,对象与此对象本身的确定性的分离才完全消解,而真理便等于这个确定性,这个确定性也同样等于真理。"①

黑格尔认为"意识经验"与"真理"的辩证法本质上是话语(逻辑)的辩证法,但实际上反过来才对:话语(逻辑)的辩证法本质上是"意识经验"与"真理"的辩证法——对这种真正的辩证法的方法表现得最充分的,并不是《逻辑学》,而是《精神现象学》:主体与客体的逻辑形式上的对立与符合并不能构成"真理",能够构成"真理"的是:将主体与客体的"同一"在"意识经验"中的"发生"和"发展过程",连同它最终作为"科学概念""消解"于"真理"之中的完整"历史"在一个"体系"中全部"表述"出来。

---

① [德]黑格尔:《逻辑学》上卷,杨一之译,北京:商务印书馆1966年版,第30—31页。

3

在萨特的《辩证理性批判》中,"辩证"是黑格尔的关键词,"理性批判"则是康德的关键词。康德认为,主体有一种先验的框架,用它来接受、构造经验和知识;而黑格尔则认为这个先验的框架本质上是辩证的和历史的,这种先验框架,要在一个接受客体的历史过程当中才能生成出来。萨特所谓"批判的辩证法"就是历史的辩证法,马克思用从黑格尔那里继承下来的历史的精神,批判了教条的辩证法,辩证法不能够从历史当中抽象出来,抽象成几条自然科学意义上的规律。辩证运动的思想用什么来解释呢?只能用实践来解释。任何"不能被降为思想的存在",都是在实践当中被发现,被"整体化"为历史的,所以从实践和历史的角度来看,旨在"认识自然"的自然科学的经验和知识都只是"历史"的一个个孤立的片段,从来没有达到辩证法的"整体的真理"意义。辩证法如何从教条的辩证法变成批判的辩证法呢?萨特认为需要引入辅助学科,但是要在对历史的整体化运动的叙述当中引入对于辅助学科的"实践意义"的叙述,这样才能够建立起一种真正的历史的真理,而辩证法也只能够在对历史的整体运动的叙述中展示出来。

一个真实的"意识形态环境"的概念,就是帮助我们揭示"历史的整体"的必不可少的工具。阿尔都塞在《论青年马克思》一文中着力论述的"总问题"概念是结构主义的一个最有代表性的历史框架,总问题贯穿了青年马克思思想的始终:青年马克思思想的整体性就在于其思想是与意识形态环境和"真实历史"融为一体的。对于马克思来说,其每一阶段的著作的"总问题"是在与意识形态环境和真实历史构架的辩证关系中形成的。马克思思想的"真实起源",应该从逻辑上囊括之后,包括《资本论》在内的"马克思整个思想体系的发展",当然,也只有能够囊括整个思想"体系"的"发展"的,才叫真实的"起源"。

后现代主义的叙事概念注重历史话语的系统和结构:历史的运动不是一种体验的发展,而是话语系统的"整体运动"。当然这种总体运动不一定是历史规律的反映,甚至也不一定依赖于文本的支撑。语言的方法和文本的概念在后现代的历史叙述方法中已经得到了充分的发展。不过,如果我们要谈叙事,不管是科学叙事、政治叙事或意识形态叙事,还是不能够脱离开近代哲学尤其是黑格尔的真理和历史的观念来谈。简单地说,"叙事"的历史结构和审美结构的分析固然重要,但既然还是"叙事",则最重要的还是要分一个"真的"还是"假的"。

后现代主义借助存在主义的"生存(体验)"概念、结构主义的"语言"概念以及解释学的"文本(作品)"概念,使我们对于"历史叙述"的本质和结构有了更清晰的认识。文本可以在新的科学话语形成的过程当中充当一种历史支撑,但它和"历史叙述"的具体关系显然还需要更加深入的分析。

第一章
《精神现象学》的历史方法

拜塞尔在《黑格尔的历史主义》一文中提出,我们不能"仅仅依据《哲学全书》结尾处的寥寥数语或者《历史哲学讲演录》就把"历史"放到"黑格尔体系的角落","因为,正如许多学者长久以来已经意识到的,历史处于黑格尔哲学概念的中心。"① "他接受了康德的形而上学不可能是对超验实体领域的思辨,而只在不超越可能经验的限度内才是可能的这个批判性学说。因此他试图提供出一个形而上学核心概念的'图式',并用经验的词汇来解释它们,然而,用经验的词汇解释它们就意味着,以历史词汇来定义它们,因为对黑格尔来说,经验不仅仅包括被感觉为'现在'的'知觉'(present-sense

---

① [美]拜塞尔主编:《剑桥哲学研究指针·黑格尔》(英文版),北京:生活·读书·新知三联书店 2006 年版,第 270 页。

perception），而且也是由过去、现在和未来的人的经验所有形式的总体所构成的。"[1]虽然从18世纪中叶到19世纪初"历史主义"经过孟德斯鸠、赫德尔等已经形成颇有影响的思想潮流，但这种历史主义的"萌芽"与黑格尔的"历史哲学"还是有本质的差别："如果说历史主义并不是从黑格尔开始的，那么黑格尔的历史主义中究竟有什么新的独特的东西呢？在黑格尔那里，历史主义变成了自我意识的普遍的哲学的方法，变成了用来对抗哲学自身的假象和幻觉的武器。这种自我反思、自我批判的元素在黑格尔的前人和同时代人那里是找不到的。"[2]

任何一种思想（"意识"或"精神"），都是在历史的"辩证运动"中"显现"出来的，是黑格尔《精神现象学》的一个基本方法，这是一种将"意识"表现为在"时间序列"中生成的"经验"的"方法"。黑格尔在《精神现象学》的"序言"中，通过对"当代科学"和"当代文化"的批评，阐明了真理（体系）、时代与历史之间复杂的辩证关系：

"只有真理存在于其中的那种真正的形态才是真理的科学体系……外在的必然性，如果我们抛开了个人的和个别情况的偶然性，而以一般的形式来理解，那么它和内在的必然性就是

---

[1] ［美］拜塞尔主编：《剑桥哲学研究指针·黑格尔》（英文版），北京：生活·读书·新知三联书店2006年版，第271页。
[2] ［美］拜塞尔主编：《剑桥哲学研究指针·黑格尔》（英文版），北京：生活·读书·新知三联书店2006年版，第272页。

同一个东西，即是说，外在的必然性就在于时间呈现它自己的发展环节时所表现的那种形态里。因此，如果能揭露哲学如何在时间里升高为科学体系，这将是怀有使哲学达到科学体系这一目的的那些试图的唯一真实的辩护，因为时间会指明这个目的的必然性，甚至于同时也就把它实现出来。"①

"当我肯定真理的真实形态就是它的这种科学性时，或者换句话说也一样，当我断言真理的存在要素只在概念之中时，我知道这看起来是与某一观念及其一切结论互相矛盾的，这种观念自命不凡，并且已经广泛取得我们时代的信任。"②

如果我们把《精神现象学》放在《纯粹理性批判》所开创的理性哲学方法系统的背景之下来看，则"精神现象学"的"方法"特征会表现得更加明显，简单地说，这就是一种揭示"意识经验"如何在"时间"中形成为"知识体系"的方法，"真理"不可能以完成了的概念的形式存在，而只能在这个辩证过程中逐步地在"时间"中显现出来。

《精神现象学》的这种叙述"哲学真理"的方法，本质上正是一种（辩证的）"历史"方法，它对现代哲学具有极强的示范和象征意义，决定性地影响了现代哲学中历史观和历史方

---

① ［德］黑格尔：《精神现象学》上卷，贺麟、王玖兴译，北京：商务印书馆1979年第2版，第3—4页。
② ［德］黑格尔：《精神现象学》上卷，贺麟、王玖兴译，北京：商务印书馆1979年第2版，第4页。

法的形成。从"精神现象学"的方法来看,"当代科学"就其历史本质而言,只是真正科学精神的概念浮尸,而整个"当代文化"也只不过是丧失了只存在于真实的"历史"中的"精神"的残骸而已:

"自觉的精神不仅超出了实质的生活进入于另一极端——无实质的自身反映,而且也超出了这种无实质的自身反映。它不仅仅丧失了它的本质性的生活而已,它并且意识到了它这种损失和它的内容的有限性。由于它拒绝这些空壳,由于它承认并抱怨它的恶劣处境,自觉的精神现在不是那么着重地要求从哲学那里得到关于它自己**是**什么的**知识**,而只是要求再度通过哲学把存在所已丧失了的实体性和充实性恢复起来。"[①]

从"精神现象学"的角度来说,"现代意识"是"历史意识"的发源地。"历史"是从"自觉的精神"发端的,也就是从一个意识到自己已经彻底与"传统"决裂,并且再也回不到传统中去的"时代"发端的,《精神现象学》从"时间(时代)"的角度讨论了"意识"和"自我意识","历史"和"现实"作为"意识经验"的形成史,作为哲学概念的"文化(传统)""历史"甚至"自然",都只是这部形成史中的过渡环节。按照哈贝马斯在《现代性的哲学话语》中的分析,这不仅是现

[①] [德]黑格尔:《精神现象学》上卷,贺麟、王玖兴译,北京:商务印书馆1979年第2版,第4—5页。

代哲学中的历史话语的起源，而且也在很大程度上主导了关于"现代"的政治哲学和社会哲学话语的形成。

如果我们把《精神现象学》的"序言"和"导论"看作黑格尔对"精神现象学"方法的说明，则黑格尔在历史方法上的主张是非常明确的：反对当时谢林和浪漫派的"体验式"哲学观点，主张以概念式的哲学语言展示"真理"的系统结构及其形成过程；不过，任何哲学思想都是它的时代的孩子，如果我们把哲学史的视野放得更加深远一步，把《精神现象学》放在"理性哲学"或者"康德哲学"的背景之下来看的话，就很容易发现，与康德、费希特甚至谢林相比，《精神现象学》吸收了大量对"直观、感觉"式的"意识经验"的直接描述，甚至并不比谢林的哲学著作中少，由此我们可以说：《精神现象学》的哲学意图，是要把"当代文化"中对"时代"的新的直观感觉和体验，系统地提炼到科学概念的水平，或者说"精神现象学"正是这一"提炼"过程本身。

一、《精神现象学》的历史结构与历史叙述方法

1

维尔纳·马克思清晰而详实地分析了对《精神现象学》全书的结构和方法具有决定性影响的一对重要概念"意识"与"精神"之间的辩证关系——从"精神"的角度来看，"精神

现象学将这种向绝对或无限的精神的生成,因此是向它的绝对知识的生成陈述为这样一种运动,在这个运动中,精神异化为'无中介环节的此在这个因素'——这个实际存在作为意识,自身转化为一个他者,也就是转化为它自身的对象——进而扬弃这个他在,从这种异化中返回自身。现象学陈述的是,精神如何在知识和对象性的对立因素中发展起来,它是如何以意识诸形态的前后相继的方式,在它与自身转化的对象性和逻辑因素的关联中出场的。这条发展的道路——在其中意识表现为它的环节——是意识对其自身的那一种'经验'的道路。"[①]

"这就是说,它自始至终都是涉及一个陈述,一个关于向真实存在前进的意识的**经验**的陈述。无论是作为精神之本真的还是非本真的科学(还是作为精神即绝对知识的陈述),精神现象学作为一种涉及**经验**的科学,都是意识的经验科学。"[②]

"我们关于经验科学和精神科学之间的同一性的观点,与这个肯定是正确的洞见是不矛盾的,这个洞见就是:现象学的许多基本概念随着陈述的发展已经发生了改变;并且只有在它以经验的方式指向一个将来者(Zukommendes)并且其自身还没有透视到一种精神的本质时,精神现象学的方法才能被视

[①] [德]维尔纳·马克思:《黑格尔的〈精神现象学〉——"序言"和"导论"中对其理念的规定》,谢永康译,北京:人民出版社2014年版,第66页。
[②] [德]维尔纳·马克思:《黑格尔的〈精神现象学〉——"序言"和"导论"中对其理念的规定》,谢永康译,北京:人民出版社2014年版,第68页。

为一种意识的检查运动。"[①]

也就是说,作为一种"科学(体系)"的现象学旨在陈述"意识经验"在"时间"中的"生成运动",这种"生成运动"的"真实性"具有一种双重结构:一方面,其作为"经验(异化体验)"的"真实性",是对"意识"本身显现出来的;而其逻辑的、可用语言叙述的"真实性",则是对经历了"意识诸形态的前后相继"并最终被完成为"绝对知识"的"精神"显现出来的——而这种逻辑的真实性,在"意识"作为"经验"向"精神"的"生成运动"即"意识诸形态的前后相继"中,是无法被"经验(体验)"到的。所以"历史"的"真实性",既不是"意识经验"的真实性,也不是"精神(逻辑)"的真实性,而是"意识经验"向"精神"的"生成运动"的真实性,它只能在意识经验"向真实存在前进"的发展运动过程中,逐渐生成和提炼出恰恰相对于这种运动和发展而言才是真实的"概念"。

维尔纳·马克思非常精确地论述了"精神现象学"的"系统性"与"历史性"方法之间的关系:

"只有当现象学家接受了整条道路的起源性的陈述,进而只有当他深入到标志着这条道路的本质性之中,带着这个本质

[①] [德] 维尔纳·马克思:《黑格尔的〈精神现象学〉——"序言"和"导论"中对其理念的规定》,谢永康译,北京:人民出版社 2014 年版,第 68 页。

朝着绝对知识的那个完全确定的方向运动并保持这个运动,只有当他通过主体性和范畴的反思将不同形态的形成史的实体置于并保持在运动之中,我们看到,只有这样它走向精神的那个最后形态,走向绝对知识的必然性才可能被揭示出来。"①

如果我们着眼于《精神现象学》在现代哲学中,尤其是在历史方法问题上的"起源性"影响,将之视为对近代理性哲学的一个"突破(断裂)",而不是简单地将之视为近代理性哲学传统的一种抽象的惰性延续;如果我们把《精神现象学》与理性哲学,尤其是《纯粹理性批判》在方法上的"差异性(历史性)"因素作为哲学史思考的首要因素,就会发现,《精神现象学》在方法上的最重要的创新,并不在于"绝对知识"的"确定方向"与"主体性和范畴的反思"这些近代理性哲学的遗传因素,而在于将"实体置于并保持在运动中",并且只有在这种(历史的)运动中才能"深入到标志着这条道路的本质性之中"的"历史方法",也就是说,我们应该把黑格尔作为作者用来创作《精神现象学》的(在他那个时代不得不使用的)"语言"与他的"精神现象学"所要表达的一种崭新的将哲学系统地加以历史化的精神和方法区别开来。

---

① [德]维尔纳·马克思:《黑格尔的〈精神现象学〉——"序言"和"导论"中对其理念的规定》,谢永康译,北京:人民出版社2014年版,第96—97页。

2

　　海德格尔在讲解关于德国唯心论的课程时有一节专门论述"《精神现象学》的地位"："这项考察的意图在于，从一开始就使我们做好准备，以解释核心著作和理解整个问题格局。（绝对精神、绝对的现实性、永恒、概念与现实之物。）"①

　　对于《精神现象学》这种哲学史上划时代的经典著作来说，"解读"首先意味着理解它是如何以独特的运思风格（历史精神）形成它在哲学（史）中独一无二的"问题格局"的——这一"问题格局"形成了并不断生成着"古典哲学"与"现代哲学"对话的平台。

　　"黑格尔通过讲述一条哲学之路才抵达自身，这事起初看起来很令人惊讶。因为这恰好与他要求的相矛盾：在总体上叙述绝对理性。然而恰恰是这项任务，而不是别的任何任务，迫使他完成'精神现象学'这个标题下必须完成的东西。"②

　　"我们在这里应该将正在显现为现象的知识加以陈述。"③"现在，既然这个陈述只以正在显现为现象的知识为对象，它本身就似乎不是那种在其独有的形态里发展运动着的自

---

① ［德］海德格尔：《德国观念论与当前哲学的困境》，庄振华、李华译，赵卫国校，西安：西北大学出版社2016年版，第267页。
② ［德］海德格尔：《德国观念论与当前哲学的困境》，庄振华、李华译，赵卫国校，西安：西北大学出版社2016年版，第269页。
③ ［德］黑格尔：《精神现象学》上卷，贺麟、王玖兴译，北京：商务印书馆1979年第2版，第54页。

由的科学;而从这个观点上看,这种陈述勿宁可以被视为向真知识发展中的自然意识的道路,或灵魂的道路;灵魂在这个道路上穿过它自己的本性给它预定下来的一连串的过站,即经历它自己的一系列的形态,从而纯化了自己,变成为精神;因为灵魂充分地或完全地经验了它自己以后,就认识到它自己的自在。"①

"自然的意识将证明它自己只是知识的概念或是不实在的知识。但由于它直接把自己视为实在的知识,于是在它看来这条道路就具有否定的意义,概念的现实化对它而言就勿宁成了它自身的毁灭;因为它在这条道路上丧失了它的真理性。"② "意识在这条道路上所经历的它那一系列的形态,可以说是意识自身向科学发展的一篇详细的**形成史**。"③

"历史"只是"自然的意识"将自身视为"实在的知识"而遭到"概念的现实化"的"否定"而形成的"一系列"的"经验";"历史"是精神穿越一系列不同的"时代"而变得成熟、理性并与现实取得和解的过程——在这个过程中,原初只是纯粹概念和理想的东西遭遇现实的"否定"而"形成"了

---

① [德] 黑格尔:《精神现象学》上卷,贺麟、王玖兴译,北京:商务印书馆1979年第2版,第54-55页。
② [德] 黑格尔:《精神现象学》上卷,贺麟、王玖兴译,北京:商务印书馆1979年第2版,第55页。
③ [德] 黑格尔:《精神现象学》上卷,贺麟、王玖兴译,北京:商务印书馆1979年第2版,第55页。

"历史"：历史是理想与现实的辩证法。

黑格尔认为，历史叙述的科学性和真实性在于它的系统性和完整性，"真理是全体"；同时也只有通过构造系统的叙述方法，才有可能挖掘出真实的历史经验，倾听"经验"的声音，客观地陈述出"意识"在历史中究竟"经验"到了什么。然而，在历史中意识究竟经验到了什么，或者说意识必然经验到什么，却不是黑格尔用近代理性主义哲学语言能够叙述清楚的，而海德格尔（和萨特）则打破了近代理性主义哲学语言的界限，形成了一种把历史作为一种"意识"的"（存在）经验"来叙述的方法：按照黑格尔的观点，对于历史，要么不讲，要么就讲全部的形成原因和机制，而不是孤立的"历史事实"或"历史片段"，只有这样才能叙述"真实"的历史；不过，正是由于对"系统性"的过分强调，为了照顾已有的概念的纯粹形式上的系统性，黑格尔在很多时候不得不牺牲掉对于历史中的"意识经验"的叙述的精确性和生动性。对于"历史叙述"来说，辩证法只是一个用"语言"从历史经验中去挖掘与提炼概念和系统的"过程"，它无须去追求纯粹形式上的系统性和"符合"意义上的真理性，因为用"语言"叙述"经验"，本质上就是一种复杂的"再现"，或者说是一种与回忆的"对话"（辩证法），辩证法的真实性基础不是简单的"符合"，而是"全面""系统"。

3

伊波利特在《黑格尔〈精神现象学〉的起源和结构》一书中指出了一个《精神现象学》研究中长期存在的问题：研究者们往往只是跟随着《精神现象学》的文本线索，历史地重新走了一遍"精神（意识）"的形成之路。

这样做固然可以对文本的语句形成丰富的历史理解，但却在把握整个"精神现象学"的方法和结构上陷入了困境；因为黑格尔使用的近代理性主义哲学话语，即使在《精神现象学》这部理性成分最少，经验和现象学成分最多的著作的文本中，也会形成一种对旨在呈现真实"意识经验"的"现象学方法"的结构性压制："评论者们一直被这种针对黑格尔现象学的典型研究方针所缠绕，描述，而不是建构和呈现出经验的自发运动，并以它对自身呈现出来的那种方式呈现给意识。"①

在伊波利特看来，《精神现象学》研究要想走出这种方法上的困境，只能依靠仔细辨别和挖掘《精神现象学》文本中呈现的真实"意识经验"，以及在意识"走向事物本身"过程中辩证地（历史地）形成的"意识"和"自我意识"的"普遍结构"的方法，并以此"精神现象学方法"把《精神现象学》（文本）从德国唯心论整体理性话语中逐渐解放出来。从这个

---

① Jean Hyppolite, *Genesis and Structure of Hegel's Phenomenology of Spirit*, translated by Samuel Cherniak and John Heckman, Illinois: Northwestern University Press, 1974, p10.

意义上说,《精神现象学》不仅在黑格尔的所有著作中,而且在整个德国古典哲学中占有独一无二的重要地位,在这个意义上,福柯和德里达正是伊波利特式的黑格尔《精神现象学》的继承者。

伊波利特《黑格尔〈精神现象学〉的起源和结构》一书的导言的第一部分题为"现象学的意义和方法",伊波利特在此(与海德格尔的《黑格尔的经验概念》一文思路类似,但更加细致和精确地)分析了主体克服旧客体,生成新客体的"经验"形成的"辩证结构":"因而经验对意识就显现为一种对新的世界的发现。而这正是因为意识遗忘了世界的发展过程。如同怀疑主义一样,意识只看到它否定过去经验的结果。面向它的未来而不是过去,意识就不能理解,它过去的经验是对它形成一个新的对象的东西的起源(genesis)。"[1]

"这就是为什么意识所陷入的经验的必然性从两个方面被展现出来。或者说,存在着两种必然性:源自意识在其自身的经验中,在测试其自身的认识的过程中的否定客体的必然性,以及根据既有经验来塑形新客体的必然性。"[2]

---

[1] Jean Hyppolite, *Genesis and Structure of Hegel's Phenomenology of Spirit*, translated by Samuel Cherniak and John Heckman, Illinois: Northwestern University Press, 1974, pp24-25.

[2] Jean Hyppolite, *Genesis and Structure of Hegel's Phenomenology of Spirit*, translated by Samuel Cherniak and John Heckman, Illinois: Northwestern University Press, 1974, p25.

"历史"就是"意识"面向"整个过去"采取的一种叙述过去经历过的一系列旧对象,从而为模模糊糊感觉到了、但尚未在哲学上得到清晰话语表述的"新对象(未来)"进行塑形的否定性的意识形态。

而导言的第二部分则题为"历史与现象学","历史与现象学"这部分又分为四节:1. 精神就是历史;2. 现象学不是世界的历史;3. 现象学:一部个体意识的历史;4. 个体意识与普遍意识。这些标题的逻辑结构已经较为清晰地显示出伊波利特对黑格尔《精神现象学》中独特的"历史精神"的理解:"历史"就是介于"世界"和"(普遍)意识"之间的"个体意识(体验)"的"显现过程(现象学)"。

在"精神就是历史"[1]中,伊波利特承接上一部分的思路,继续沿着德国古典哲学的历史思路,尤其是通过与谢林的"历史哲学"观念的比较,勾勒出《精神现象学》中的"历史"问题形成的认识论背景。按照伊波利特的观点,谢林还停留在康德和费希特规划的以"绝对"化的"自我意识"为核心和逻辑基础的德国唯心论总体的认识论框架中,"而没有向我们展示出这个"绝对"是如何被带到对自身的反思中,或者说是如何

---

[1] Jean Hyppolite, *Genesis and Structure of Hegel's Phenomenology of Spirit*, translated by Samuel Cherniak and John Heckman, Illinois: Northwestern University Press, 1974, pp27-34.

在历史的具体形式中得到展现的。"①

在整个德国古典哲学中，只有黑格尔的《精神现象学》突破了这种德国唯心论的认识论框架，将"真理（真实性）"从一种主体－客体的认识论结构，转变为"意识"如何在"世界"中"展开"以及如何在展开过程中回溯到自身并形成自我意识的"历史（体验）"的叙述的"辩证结构"，从而将"真理"和"历史"完全融为一体，开创了一条真正理解"真理（精神）"的"形成"及其"历史性"的哲学道路。

二、"历史理性"的封闭性与"历史经验"的开放性

1

黑格尔在《法哲学原理》中说："真实的现实性就是必然性，凡是现实的东西，在其自身中是必然的。必然性就在于整体被分为概念的各种差别，在于这个被划分的整体具有持久的和巩固的规定性，然而这种规定性又不是僵死的，它在自己的分解过程不断地产生自己。"② 历史的本质就是理性和精神的概念"在自己的分解过程不断地产生自己"，就此而言，要以"追

---

① Jean Hyppolite, *Genesis and Structure of Hegel's Phenomenology of Spirit*, translated by Samuel Cherniak and John Heckman, Illinois: Northwestern University Press, 1974, pp28-29.

②［德］黑格尔：《法哲学原理》，范扬、张企泰译，北京：商务印书馆1961年版，第280页。

溯"（面向"过去"）的方法去还原那个已经被分解的"精神"和"理性"的"总体"，即黑格尔的"绝对精神"，在方法上就成为不可能的。

黑格尔对"历史理性"的"总体性"和"完成性"所作的最著名的哲学解释莫过于《法哲学原理·序言》结尾处的这段话：

"概念所教导的也必然就是历史所呈示的。这就是说，直到现实成熟了，理想的东西才会对实在的东西显现出来，并在把握了这同一个实在世界的实体之后，才把它建立为一个理智王国的形态。当哲学把它的灰色绘成灰色的时候，这一生活形态就变老了。对灰色绘成灰色，不能使生活形态变得年轻，而只能作为认识的对象。密纳发的猫头鹰要等黄昏到来，才会起飞。"[①]

哲学只能描绘灰色的理论，因为这是"精神"经历了"世界"之旅后沉淀下来的思想。哲学不具有青年般的激情，即使用它去表现一个年青的、对"未来"还充满希望和激情的生活世界，用的也是一种饱经沧桑的笔调，展现的也将是"生活的全貌"：对"未来"充满幻想的激情，会和它在"世界"中造成的后果与结局一起被表现出来。哲学所表现的"历史"，就

[①] [德] 黑格尔：《法哲学原理》，范扬、张企泰译，北京：商务印书馆 1961 年版，第 14 页。

是"现实"的完整的来龙去脉,是哲学家经过充分运思之后,认为可以在"历史"中展现出来的"真理"的**全部**。

不过,哲学家运思的成熟并不能代表世界历史的终结。黑格尔在《法哲学原理》和《历史哲学》中将"历史理性"即"历史经验"的"结构"封闭化了。正如查尔斯·泰勒所总结的:"黑格尔的典型方法是先将一目标赋予一历史形式中的人(或'精神')。这目标被该历史形式的实际实在所取代。黑格尔企图以此方式说明人类历史的重大转变:希腊城邦的没落、近代欧洲国家的崛起、法国大革命时旧制度的结束等。"[1] 而这种"黑格尔最成功的历史辩证法","与任何优秀的历史说明令人信服的道理一样:因为它们作为一种历史解释,是'适用'的。"[2] 然而作为一种"历史解释",黑格尔的"历史辩证法"的最大缺陷就在于"理性"概念本身的封闭的、非实践性的结构:"先将一特定目标赋予行为者,或将一特定趋势赋予事件,或者将某一逻辑赋予一个情况,本身就是很没有根据的。"[3] 实际的历史实践,即使具有一定的"理性"结构,这个结构也不是可以由哲学家事先在头脑中所构思好的,"历史"中的"行

---

[1] [加]查尔斯·泰勒:《黑格尔与现代社会》,徐文瑞译,长春:吉林出版集团有限公司2009年版,第100页。

[2] [加]查尔斯·泰勒:《黑格尔与现代社会》,徐文瑞译,长春:吉林出版集团有限公司2009年版,第100页。

[3] [加]查尔斯·泰勒:《黑格尔与现代社会》,徐文瑞译,长春:吉林出版集团有限公司2009年版,第101页。

为者""事件"和"情况"所具有的"目标""趋势""逻辑"等,在历史实践中都是复杂和开放而远非单一和封闭的。如果我们将黑格尔的"历史辩证法"当作一种挖掘和建构"历史经验"的方法,而不是一种已经完全僵化和封闭的"历史理性",我们会发现,这种"历史辩证法"在《精神现象学》中就已经将"历史的真实"塑造为一种总体性的"意识"("意识形态")和个体性的"自我意识"的辩证张力中存在的"意识经验"。

总而言之,"理性"的结构不是仅凭某种主观的逻辑框架就能一劳永逸地确立下来的,它只能通过"实践"在"时间"中的展开而逐渐地生成和提炼出来。如果说"存在于作为自我意识的精神的理性和作为现存的现实世界的理性之间的东西,分离前者与后者并阻止其在后者中获得满足的东西",的确是"某种抽象的东西"①,那么这种抽象的东西既不是仅仅通过取消"作为自我意识的精神的理性",无原则地向"作为现存的现实世界的理性"妥协就可以消灭的,更不是仅仅通过"概念"就可以"解放"的。即使真的存在着一个理性的"历史终点",我们也不能像黑格尔在《法哲学原理》和《历史哲学》中那样,把这个"历史终点"从时间的维度上理解为"现在":"在现在的十字架中去认识作为蔷薇的理性,并对现在感到乐观,这

---

① [德]黑格尔:《法哲学原理》,范扬、张企泰译,北京:商务印书馆1961年版,第12—13页。

种理性的洞察，会使我们跟现实调和"①，因为这种"跟现实调和"的"乐观"心态是以取消现实与"未来"的历史性关联，取消我们凭借"实践"来改变整个"世界历史"的进程的可能性为代价的。况且仅仅凭借黑格尔所说的"概念"（例如"理性""自由"、又例如福山的"民主"），我们就能"不仅在实体性的东西中保持主观自由，并且不把这主观自由留在特殊和偶然的东西中，而放在自在自为地存在的东西中"②吗？

2

在 20 世纪末以"历史终结论"轰动一时的福山也看到了黑格尔历史哲学的基本结构及其对马克思的历史哲学的影响："黑格尔和马克思都认为，人类社会的演化并不是无限开放的，在人类达成一个能满足其最深层、最基本的愿望的社会形式之后，它就会终结。因此，这两位思想家都设定了一个'历史的终结'：对黑格尔来说，这个终结就是自由国家，在马克思那里，则是共产主义社会。"③然而这个评价只适用于黑格尔晚期表达于《历史哲学》和《法哲学原理》中的"历史理性"概念，

---

① [德] 黑格尔：《法哲学原理》，范扬、张企泰译，北京：商务印书馆1961年版，第13页。
② [德] 黑格尔：《法哲学原理》，范扬、张企泰译，北京：商务印书馆1961年版，第13页。
③ [美] 弗朗西斯·福山：《历史的终结与最后的人》，陈高华译、孟凡礼校，南宁：广西师范大学出版社2014年版，第10页。

并不适用于更具历史精神的《精神现象学》，而马克思则是明确地把"共产主义社会"置于时间中"未来"的维度上（这更接近于黑格尔在《精神现象学》中的时间意识和历史精神），即使它也构成一个"历史终点"，也是一个"开放式"的终点，为我们在"现在"中进行"历史实践"留出了足够的空间，而不像黑格尔的"历史理性"那样，用抽象、空洞的"现在"的政治（伦理）现实形成了对于"时间"和"历史"的封闭结构。

福山并不讳言，黑格尔的"历史哲学"观正是"历史终结论"的起源。尽管"黑格尔在盎格鲁－撒克逊的世界从未获得过好评"，而"对于黑格尔的偏见，使人们认识不到他作为一位构建现代性的哲学家的重要性"。福山却坚持认为，"无论是否承认自己受惠于黑格尔，我们都要把我们今天的意识的最基本方面归功于他。"[①]因为黑格尔是第一个建立起"现代"的历史哲学概念并立足于这个概念来反思整个"世界历史"或者说康德心目中的"世界公民观点下的普世史"[②]并试图建立起这种"世界史"或"普世史"的发展规律的。"康德认为，历史应有一个终点，也就是说，有一个蕴含在人类当前潜能之中的最

[①] [美]弗朗西斯·福山：《历史的终结与最后的人》，陈高华译、孟凡礼校，南宁：广西师范大学出版社2014年版，第79页。
[②] [美]弗朗西斯·福山：《历史的终结与最后的人》，陈高华译、孟凡礼校，南宁：广西师范大学出版社2014年版，第78页。

终目的，正是这个最终目的使整个历史变得可以理解。"①"康德的这一计划留给了他的继任者黑格尔，他在康德死后不到一个世纪的时间里，就完成了这一计划。"②"黑格尔是第一位历史哲学家，他认为人类历史是一个连贯的演进过程。他说，这个演进过程就是人类理性的逐步展开，最终使自由扩展到全世界。"③

不过，在黑格尔的"世界历史"诞生的过程中，最引人注意的是，在康德那里仅仅是"潜能"的东西，在黑格尔那里却明确变成了"理性"这个概念，而且黑格尔在《历史哲学》和《法哲学原理》中甚至认为这种"历史理性"已经在当时的普鲁士政治体制中得到了"实现"，而不再仅仅是一种"潜能"了。

历史哲学对于黑格尔来说，就是一种将启蒙哲学所塑造的"理性"的观念充分灌注到"时间"中去的方法。他认为凭借理性和概念的力量，可以把握住跨越时代的"历史发展"中的必然因素："哲学用以观察历史的唯一的思想，便是理性这个

---

① [美] 弗朗西斯·福山：《历史的终结与最后的人》，陈高华译、孟凡礼校，南宁：广西师范大学出版社 2014 年版，第 78 页。
② [美] 弗朗西斯·福山：《历史的终结与最后的人》，陈高华译、孟凡礼校，南宁：广西师范大学出版社 2014 年版，第 79 页。
③ [美] 弗朗西斯·福山：《历史的终结与最后的人》，陈高华译、孟凡礼校，南宁：广西师范大学出版社 2014 年版，第 348 页。

简单的概念。"①对世界历史的理解必须在"理性"的原则下进行,而这种"理性"的构成要素就包括"历史终点":"哲学作为有关世界的思想,要直到现实结束其形成过程并完成其自身之后,才会出现。"②问题在于,"现实"真的有可能"结束其形成过程"吗?"现实"本身难道不正是一个在时间中不断生成变化着的历史性的东西吗?就此而言,我们不能说"概念所教导的也必然就是历史所呈现的",而只能说,"概念"本身只能从"历史"的演进中逐渐生成和提炼出来。

3

在20世纪的西方哲学,尤其是欧洲大陆哲学中,黑格尔的《精神现象学》得到了比《历史哲学》和《法哲学原理》更多的关注,其中的一个重要原因,就是黑格尔在《精神现象学》中构造了一种与《历史哲学》和《法哲学原理》中的封闭、结束于抽象的"现在"的时间意识不同的、面向"未来"的开放式的"时间意识"和"时间结构"。"对未来的思考以过去(否定性地)形成起来的方式,决定了现在的性质。只有被未来和过去所决定的现在才是人类的或历史性的现在。总而言之,历

---

① [德]黑格尔:《历史哲学》,王造时译,上海:上海书店出版社1999年版,第8—9页。
② [德]黑格尔:《法哲学原理》,范扬、张企泰译,北京:商务印书馆1961年版,第13—14页。

史的运动发端于未来,穿透了过去,从而在现在中得到实现,或者说被实现为时间上的现在。"① 换句话说,在历史哲学中,"现在"只是我们用未来性的视野去"建构"过去,"否定性地形成"过去,从而占有甚至支配过去,进行我们自己的历史实践,获得我们自己的自由的"方式","现在"本身是通过创造性的历史实践,而不是反思性的"历史叙事"构造起来的,它不是一个"自在存在",也不能理解为"历史传统"在匀质时间中的简单绵延。

我们可以把《历史哲学》和《法哲学原理》中封闭的"历史理性"与《精神现象学》中更具有开放性的"历史精神"稍加比较。在《精神现象学》中,黑格尔还没有把"自由"直接等同于"理性"的概念,他实际上把"历史的终点",把以"理性""自由"为核心的"现代性"观念在时间的维度上放在了"未来",而不是"现在":"现存世界里**充满了**的那种粗率和无聊,以及对某种未知的东西的那种模模糊糊若有所感,在在都预示着有什么别的东西正在到来。"② 而时间上的"现在",我们身临其中的"现实",在《精神现象学》中只被黑格尔理解为一个通往"未来"的"过渡的时代":"我们这个时代是一个新

---

① Alexandre Kojeve, *Introduction to the Reading of Hegel*, Translated by James H. Nichols, Ithaca and London: Cornell University Press, 1980, p.136.
② [德]黑格尔:《精神现象学》上卷,贺麟、王玖兴译,北京:商务印书馆1979年第2版,第7页。

时期的降生和过渡的时代。人的精神已经跟他旧日的生活与观念世界决裂，正使旧日的一切葬入过去而着手进行他的自我改造。"①"但这个新世界也正如一个初生儿那样还不是一个完全的现实。"② 因为这个"新世界"即"现代社会"本身并不是仅仅依靠"概念"就能建立起来的，而必须依赖我们不断地创造性实践，才能在"历史"中"呈现出来"："事实上，精神从来没有停止不动，它永远是在前进运动着。"③

在《精神现象学》的结尾处，黑格尔又说，除了"自然"之外，"精神的变化过程的另一方面，历史，是**认识着的、自身中介着的**变化过程——在时间里外在化了的精神"④，"在实际存在中，这样形成起来的精神王国，构成一个前后相继的系列，在这里一个精神为另一个精神所代替，并且每一个精神都从先行的精神那里接管［精神］世界的王国。"⑤"对那些成系列的精神或精神形态，从它们的自由的、在偶然性的形式中表现出

---

① ［德］黑格尔:《精神现象学》上卷，贺麟、王玖兴译，北京:商务印书馆1979年第2版，第6—7页。
② ［德］黑格尔:《精神现象学》上卷，贺麟、王玖兴译，北京:商务印书馆1979年第2版，第7页。
③ ［德］黑格尔:《精神现象学》上卷，贺麟、王玖兴译，北京:商务印书馆1979年第2版，第7页。
④ ［德］黑格尔:《精神现象学》下卷，贺麟、王玖兴译，北京:商务印书馆1979年版，第274页。
⑤ ［德］黑格尔:《精神现象学》下卷，贺麟、王玖兴译，北京:商务印书馆1979年版，第274—275页。

的特定存在方面看，加以保存就是历史；从它们被概念式地理解了的组织方面看，就是精神**现象的知识**的**科学**。两者汇合在一起，被概念式地理解了的历史，就构成绝对精神的回忆和墓地，也构成它的王座的现实性、真理性和确定性。"①

根据贺麟先生的说法，"现象学另一个说法就是从事物在时间内的表现去认识本质。黑格尔说：'精神必然表现在时间内，而且只要精神还没有掌握住它的纯粹概念［即本质］，它就表现在时间内'。很明显黑格尔所了解的精神现象学就是研究表现在时间内的精神现象的科学"，"这也就规定了精神现象学具有研究精神或意识在时间中的发展史的性质。"②

也就是说，存在着时间上连续的"历史经验"或者说"成系列的精神形态"的基础是一个作为回忆主体的"绝对精神"或"绝对理念"。在这里黑格尔为了构造一种"普遍性""统一性"的"历史经验"，将"历史"意识形式化了，在历史中被叙述的内容只是偶然的，本质的方面是"历史"在一个时代中被"回忆"，被展现、被叙述出来的方式，"它们被概念式地理解了的组织方面"决定了一个时代的"精神"或"意识形式"，构成了一个时代的伦理和政治组织方式的"王座的现实性、真

---

① ［德］黑格尔：《精神现象学》下卷，贺麟、王玖兴译，北京：商务印书馆1979年版，第275页。
② ［德］黑格尔：《精神现象学》上卷，贺麟、王玖兴译，北京：商务印书馆1979年第2版，译者导言：《关于黑格尔的〈精神现象学〉》，第10页。

理性和确定性"。

对于历史叙述来说,"时间(时代)意识"是其核心,但时代意识本身是随着历史实践的发展在不断变化着的,而我们对于"历史"和"传统"的建构,也只有在能够通过对"过去"的叙述,为我们当前时代的历史实践勾画出一个清晰可见的"未来"的轮廓时,才有意义。甚至我们"叙述"过去的"形式"本身,在特定时代的历史背景中,都是一种"实践",即阿尔都塞所说的"理论实践",或者叫作"哲学实践"。历史叙述的目标并不是要建立一个总体性的在时间上连续发展的整体。我们对于过去的"起源"的寻求,本质上就是要揭示那些我们认为天经地义、亘古不变的"理性"的东西其实也是在特定的历史条件下产生的,也就是揭示构成这些特殊的"历史经验"的历史实践的条件。

第二章
历史叙述的真实性：
"意识经验"与系统性的辩证法

一、辩证法作为"历史叙述"的整体性方法

1

卢卡奇曾经以罕见的清晰性和系统性研究了黑格尔和马克思的历史思想的形成，尤其是黑格尔的历史哲学对于马克思整体历史观形成的影响："德国古典哲学的发生和发展史是马克思主义哲学史里一个重要而尚未彻底澄清的问题。虽然马克思主义经典作家已一再指出这个问题的极端重要性……但这段历史还远远没有研究透彻。"[①] "德国古典哲学的发生发展史长期以来是根据黑格尔自己的天才的但唯心主义地歪曲了并且在

[①][匈]卢卡奇：《青年黑格尔》，王玖兴译，北京：商务印书馆1963年版，第7页。

许多方面图式化了的历史观念来解释的。黑格尔的天才的历史观念在于肯定哲学系统相互之间有内在的辩证的关联。"[1] 作为德国古典哲学在逻辑上的完成者,"历史"在黑格尔哲学体系中形成了最突出的主题并不是偶然的。黑格尔哲学有着与17、18世纪的理性主义哲学完全不同的形而上学基础,如果说后者试图以"自然科学"为典范,寻找一种静态的、永恒的形式规律,并据此建立一种解释和构建"经验"的模型,那么黑格尔的辩证法则是建立在一种运动、变化和发展的世界图景的基础上的,因为在黑格尔的时代,社会生活的加速变化使得经验的"历史性"特征进一步凸现出来,成了黑格尔、马克思和之后许多哲学家如海德格尔等反思的哲学主题。从整体上看,这种"历史精神"正是资本主义时代飞速发展和变化的社会现实的反映。虽然黑格尔哲学还保留着古典哲学的形式框架的"残骸",但其中包含的对现代社会来说依然"活着的东西",正是这种否定西方传统的形式逻辑的语言框架,从对具体社会历史的描述中生成出真实的"历史经验"的"历史辩证法"。"古典哲学也紧紧接近到了这种意义变化的阶段,并突出了新的、第一次出现的实体,即此后应是哲学基础的事物的秩序和联系,那就是**历史**。"[2] 黑格尔的辩证法,作为理性主义哲学思维方式

---

[1]〔匈〕卢卡奇:《青年黑格尔》,王玖兴译,北京:商务印书馆1963年版,第7页。
[2]〔匈〕卢卡奇:《青年黑格尔》,王玖兴译,北京:商务印书馆1963年版,第228页。

的"终结",打开了哲学通向"起源"和"历史"问题的道路:"为什么在历史中,而且只是在历史中,才存在着起源的具体基础,……因为几乎在每一个不能解决的问题后面,都隐藏着通向历史的道路,而这条道路也就是通向解决问题的道路。"①所以,黑格尔所面对的哲学任务就已经是"创造一种内容变化的逻辑学以作为它的逻辑基础。为了这种逻辑学,它就要在历史中,在历史的生成中,在性质上新的东西的不断形成中,而且只有在这一切中,发现那个事物的典型秩序和联系。"②

即使是最伟大的思想家,也不可能在"历史"的维度上达到完全的方法论自觉。康德的"理性批判",也是和他那个时代的"自然科学"的"理念"和方法论的抽象性紧密融合在一起的,从这个意义上说,康德只能依赖对牛顿-莱布尼茨的"科学方法"的(脱离现实对象及其历史变化的)"无限发展"的想象来建立他的认识论,在这种"无限发展"的"图式"中,他无法考虑到科学和社会的"结构"所发生的历史变化,甚至也没有像黑格尔的辩证法那样,试图通过分析这种结构的变化,来建立一个"历史发展"的认识论模型:

"然而,历史的本质恰恰在于那些**结构形式**的变化,人借助这些结构形式和他当时的环境世界发生关系,这些结构形式

---

① [匈] 卢卡奇:《青年黑格尔》,王玖兴译,北京:商务印书馆1963年版,第228页。
② [匈] 卢卡奇:《青年黑格尔》,王玖兴译,北京:商务印书馆1963年版,第229页。

决定了人的内部生活和外部生活的客观属性。但这一点只有当个性，即某个时代、某个人物的独特性就在于这些结构的特点，即在它们之中和通过它们被发现和被揭示的时候，才是客观上真正可能的（和才能相应地被把握）。然而，直接的现实，无论是对于经历这一现实的人，还是对于历史学家来说，都不是直接地存在在这些真正的结构形式之中的。这些结构形式还必须寻找和发现，而发现它们的途径就是认识作为总体的历史发展过程的途径。乍一看，这种发现和寻找似乎是一种纯思想的运动，是一个抽象化的过程，而任何一个囿于直接性之中的人，一辈子也都不能超越这'第一印象'。"①

卢卡奇认为，黑格尔的哲学工作，可以视为康德、费希特和谢林的德国古典先验哲学在"历史"领域的一次成功且影响深远的拓展。黑格尔哲学不同于，超越于康德、费希特和谢林的德国古典先验哲学的唯一真正有历史影响和现代价值的核心思想，就是其中包含的"历史精神"和"历史方法"，它构成了马克思和全部现代哲学思考"历史"的本质和"历史叙述"方法的起点：

"黑格尔确实用'理性的狡黠'来解释这样发现的历史结构。这样的历史结构是他的现实主义的天才既不能，也不愿

---

① [匈] 卢卡奇:《历史与阶级意识》，杜章智等译，北京：商务印书馆1999年版，第241—242页。

否定的。但不可忽视的是，'理性的狡黠'只有在真正的理性被发现而且实际上具体地被指出来以后才能不仅仅只是一种神话。"①

但由于黑格尔过度依赖德国古典先验哲学已经形成的理性话语，过度依赖"（绝对）精神""理性"等概念的超意识经验的"历史彼岸"的权威性，使得黑格尔并没有建立起一种真正"现实主义的"历史叙述结构，即仅仅依靠对于具体历史中的"意识经验"的分析和叙述逐渐生成出来的"历史结构"。在黑格尔那里，"历史"只是"精神"或"理性"的"真实性"的一个环节，它既不可能完整地实现理性的本质，也没有在精确分析"意识经验"，穷尽"时代精神"意蕴的基础上，建立起客观的，能在"历史整体"中站得住脚的"历史叙述"："由于这种对待历史的不适当和不彻底的态度使历史本身失去了它的恰恰对于黑格尔体系来说是不可缺少的本质。"②

"这就是黑格尔哲学被无情地驱赶到神话的怀抱中去的地方。由于黑格尔哲学已经不可能在历史本身之中发现和指出同一的主体–客体，所以它被迫超越历史，并在历史的彼岸建立自我发现的理性的王国。然后从这个理性的王国出发，把历史

---

① ［匈］卢卡奇：《历史与阶级意识》，杜章智等译，北京：商务印书馆1999年版，第232—233页。
② ［匈］卢卡奇：《历史与阶级意识》，杜章智等译，北京：商务印书馆1999年版，第233页。

把握为阶段，把出路把握为'理性的狡黠'。历史不可能构成整个体系的活的躯体：它成为整个体系的一部分，一个环节。这整个体系在'绝对精神'中，在艺术、宗教和哲学中达到顶峰。"①

2

在以系统的方法来批判地继承和发展黑格尔《精神现象学》中的历史精神和历史方法方面，卢卡奇是20世纪一位不可忽视的重要的代表性哲学家，因为他对这种历史精神和历史方法的继承，不仅仅停留在文本的层面，而是深入到了黑格尔与马克思历史思想的核心起源地，并且以一套比黑格尔和马克思的直接文本中都更加精确、清晰、简明、系统的哲学话语重述了这种历史思想的核心观点。我们可以更加通俗但绝不随意地说：卢卡奇是在吃透了《精神现象学》的历史精神的基础上，用自己的马克思主义哲学话语重新叙述了一遍《精神现象学》的"历史"概念和方法——虽然《历史与阶级意识》一书不可避免地带有卢卡奇时代特有的政治形势的烙印，这使得卢卡奇的"问题意识"既不可能和黑格尔《精神现象学》的"问题意识"，也不可能和当代哲学的"问题意识"完全重合。

---

① [匈]卢卡奇:《历史与阶级意识》，杜章智等译，北京：商务印书馆1999年版，第233页。

卢卡奇结合体现黑格尔"历史"方法的最重要的几个哲学文本分析了"历史性"和"系统（结构）性"在黑格尔辩证法中的关系，或者说，由黑格尔哲学"体系"的"唯心主义"性质导致的历史性和系统性的不可调和的矛盾：

"在对体系的那些最后的论述中，历史是从法哲学向绝对精神的过渡。（在《精神现象学》里，关系更复杂，但从方法论上看，同样是不明确和不清楚的。）因此，根据黑格尔《逻辑学》，绝对精神必须在自身中扬弃历史，这是因为绝对精神是先行的因素，即历史的真理。黑格尔哲学史的结论告诉我们，历史不会让自己在辩证方法中遭到扬弃。在黑格尔的哲学史里，即在体系的顶峰，在'绝对精神'自我实现的环节，历史重又出现并在它那一方面超越了哲学。"①

在"逻辑（真理）扬弃历史"的方法中，重要的不是结论，即"真理"的最终语言表述②，而是这个"扬弃"的过程本身，完整而充实的"真理"恰恰只能在这个"扬弃过程（历史）"中显现出来：

"从历史中分解出来的起源经历了从逻辑经自然到精神的独特的发展。但由于所有范畴形式及其运动的历史性必然进入辩证方法之中，由于辩证法的起源和历史在客观上、本质上必

---

① ［匈］卢卡奇：《历史与阶级意识》，杜章智等译，北京：商务印书馆1999年版，第233页。
② 实际上，从辩证法的角度来看，"真理的最终语言表述"是不存在的。

然是互相联系的,而且在这儿只是由于古典哲学不能完成它的纲领才互相分道扬镳的,因此不可避免地,这个被设想为超历史的过程在每一环节上都表现出历史的结构。由于变得抽象的、直观的方法歪曲和糟蹋了历史,就这种方法自己这一方面而言,它就受到没有被把握的历史的践踏并被撕为碎片。"[1]

德国古典哲学的方法,从整体上看是一种在主体－客体的关系中去表达"真理"的观念的方法,而黑格尔在德国古典哲学中最重要、最突出的方法上的创新,就是引入了"历史"方法,但黑格尔由于受到德国古典哲学传统尤其是谢林"同一哲学"的影响,并不能把这种历史方法贯彻到底——这种方法只有在彻底打破或者说颠覆了德国古典哲学传统,从而敢于将"历史"的真理性从"起源"上置于"逻辑"的真理性之前的马克思的"历史唯物主义"中,才有得到贯彻的可能——所以,如果我们把黑格尔－马克思的"历史"方法,置于德国古典哲学的"辩证发展"(而不是"抽象继承")的哲学史地位上,就能够更清晰地看到这种历史方法的精华,及其在19到20世纪哲学发展中的巨大影响。

除了在整体上分析黑格尔的历史方法之外,卢卡奇还更加具体地分析了"个人意识"与"普遍意识"乃至"时代精神"

---

[1] [匈]卢卡奇:《历史与阶级意识》,杜章智等译,北京:商务印书馆1999年版,第234页。

之间的"正确"与"虚假"的历史辩证法:"意识一方面表现为某种来自社会的和历史的状况的**主观上**被证明的东西,表现为可以理解的和必须理解的东西,因此表现为'正确的'意识,同时它又表现为**客观上**无视社会发展的东西,表现为不符合社会发展的,没有相应地表现这一发展的东西,因此表现为'虚假的'意识。"①

生活在一个时代中的人的意识,不可能系统地、准确地反映这个时代"社会发展"的真实状况,不可能真正理解自己所处的时代的"时代精神"及其在整个历史中的本质,因为任何关于一个"时代"的历史理解,总是事后的关于历史的整体性反思建构起来的——然而这并不排斥"个人意识"在感觉的直接性的意义上的"真实性",甚至可以说,"社会历史"的真实性,只能建立在对这种直接感觉心理材料(如一个时代或一个具体历史事件的"亲历者"关于这一时代或这一历史事件的**直接叙述**)的"辩证否定"的基础上:

"'虚假意识'这一双重辩证规定使它的分析完全脱离了对人们在一定的历史条件下,在一定的阶级地位中,**实际上**所思想,所感受,所希望的东西所作的单纯的描述。这些东西仅仅

---

① [匈]卢卡奇:《历史与阶级意识》,杜章智等译,北京:商务印书馆1999年版,第108页。

是——当然是十分重要的——真正历史研究的**材料**。"①

卢卡奇试图通过澄清黑格尔《精神现象学》与《逻辑学》在"起源"和"方法"上的差异，来刻画《精神现象学》中的"(辩证)历史"方法，不仅在"黑格尔哲学体系"中，而且在整个"西方哲学"中所具有的"划时代"意义：在《精神现象学》中，黑格尔在哲学史上第一次试图通过具体的"历史叙述"，来辩证地克服"思维和存在的二重性"：

"任何一种想在脱离了和存在的任何一种具体关系的思维中，想在逻辑学中辩证地克服这种二重性的尝试，都是注定要失败的（黑格尔就是进行了这种尝试，尽管他的哲学中有着各种互相对立的倾向）。"②

沿着黑格尔和马克思的思路，卢卡奇把对"历史"的思考，以"思维"与"现实"的辩证法的形式，纳入了历史叙述的"时间结构"：在任何"历史叙述"中，真实（"现实"）都不可能在静态的（先验）逻辑形式中展现出来，而只能在"过去—现在—未来"的时间运动过程中作为一种"辩证生成"展现出来，从这个意义上说，历史本质上就是一种关于"变化""生成""形成"的体验，只有在思维与现实、（作为未来的）"过

---

① [匈] 卢卡奇：《历史与阶级意识》，杜章智等译，北京：商务印书馆1999年版，第108页。
② [匈] 卢卡奇：《历史与阶级意识》，杜章智等译，北京：商务印书馆1999年版，第308页。

去"与"现在"的碰撞中,"历史"才作为一种"体验"显现出来:

"只有当思维是作为现实的形式,是作为整个过程的环节时,它才能辩证地克服自己的僵化不变,才能取得一种生成的特征。另一方面,生成同时就是处于过去和将来之间的中介,但是是处于具体的,也就是历史的过去和同样是具体的,也就是同样是历史的将来之间的中介。"[①] "只有当人能把现在把握为生成,在现在中看出了那些他能用其辩证的对立**创造出**将来的倾向时,现在——作为生成的现在,才能成为**他的**现在。只有感到有责任并且愿意创造将来的人,才能看到现在的具体真理。"[②]

二、如何在"历史"的"发展和运动"中看待"哲学"

1

如果要用一个问题来概括萨特的《辩证理性批判·方法问题》,那就是:如何在历史的发展运动中看待哲学。萨特分析和回答这个问题的思路,是沿着黑格尔《精神现象学》分析和

---

① [匈]卢卡奇:《历史与阶级意识》,杜章智等译,北京:商务印书馆1999年版,第308页。
② [匈]卢卡奇:《历史与阶级意识》,杜章智等译,北京:商务印书馆1999年版,第308-309页。

叙述"历史"的方法框架的。如果要从历史的角度去理解哲学的本质和"真实性"问题，《精神现象学》是现代哲学绕不过去的方法上的参照系。虽然"（世界）历史"是在黑格尔晚年的《法哲学原理》《哲学史讲演录》和《历史哲学》中才被正式主题化的，但《精神现象学》才真正最充分地展示了黑格尔的"理性精神（主体意识）"和"历史"的辩证结构，即把"历史"展示为"意识经验"在"时间"中的"形成"，同时把"哲学"的"真理性"展示为一种"历史叙述"的系统性，这可以说是现代哲学系统思考"历史"问题的开端。

如果我们把萨特的《辩证理性批判》作为一种"存在主义的马克思主义"的哲学思想来理解，那么它所涉及的核心问题，正是黑格尔《精神现象学》和马克思历史唯物主义思想关于"历史"的观念和方法的问题，即分析主观世界（意识－自我意识）和客观世界（伦理－社会、政治－国家）是如何在"历史"中沿着"时间"的图式辩证地相互生成的，这种相互生成的方法中介，在 19 世纪末到 20 世纪上半叶，主要表现为"体验"的（存在主义）概念，而在 20 世纪下半叶，则主要表现为"语言"的（解释学、结构主义）概念。[1]

---

[1] 邓晓芒先生首先从"语言学"和"生存论"的角度分析了"黑格尔辩证法"的"起源"，并将之归源于古希腊哲学中的"逻各斯（logos）"精神和"努斯（nous）"精神，参见邓晓芒：《思辨的张力——黑格尔辩证法新探》第一章，长沙：湖南教育出版社 1992 年版。

第二章　历史叙述的真实性："意识经验"与系统性的辩证法

在萨特的《辩证理性批判》中，表现出了一种要把存在主义与马克思主义，尤其是它们在"历史"问题上的观点和方法融合起来的努力。在萨特看来，存在主义的优点在于它对我们的"时代"有深刻的哲学体验，而马克思主义的优点则在于能够通过叙述历史的系统方法，批判地构造起对"现实"的认识和理解。

然而，要把这两种关于"历史"的观点和方法进行融合，学术上最佳的切入点，就是系统地重述对这两者同样具有方法上的"起源"意义的《精神现象学》的"历史方法"。不过萨特在《辩证理性批判》中虽然零星地涉及了黑格尔，却并未看到系统地致力于这项工作，倒是与他同时代的法国学者柯耶夫和伊波利特致力于这项工作。此外，阿尔都塞虽然以《保卫马克思》一书著名，但他用来"保卫"马克思的方法和语言，几乎完全由《精神现象学》中的历史思想和方法支撑，否则我们无法理解，他如何能够如此深刻犀利地将马克思的思想置于"主体－客体"辩证地历史形成的方法视野之下来分析。

相较于早期的《存在与虚无》只在海德格尔式的"生存体验"的层次上飘忽地涉及"历史性"问题，萨特在《辩证理性批判》中，明显表现出了更浓厚的"历史方法"意识，只是还没有对之形成柯耶夫和阿尔都塞那样明确而系统的表述，这也是存在主义者萨特敏锐的时代嗅觉的一种表现——因为源自《精神现象学》的"历史方法"，几乎是唯一可以在系统的历史理解的基础上形成对"时代"和"现实"的认识的哲学方法。

2

存在主义非常重视生存（体验）的概念，萨特用这个概念丰富了历史和实践的概念。但是存在主义的生存（体验）概念几乎完全依赖于心理学话语，用胡塞尔的话说，它是"心理主义"的，尚未达到"历史"的"哲学概念"的层次。但这毕竟是一种哲学上的尝试，而且萨特确实从方法上把存在主义的体验，人在历史当中的具体体验融入到历史方法中去了。萨特作为存在主义者，可以说比海德格尔更加重视方法。但是萨特这本书的局限性就在于它过度依赖于"心理体验"，如果没有语言的和结构（系统）的方法的话，心理体验对于历史的解释力是比较薄弱的。不过，萨特在这本书当中非常强调整体性，强调辩证法本质上就是历史的整体运动，这个观点在当代哲学中并没有过时，这也是黑格尔和马克思的历史方法的核心。结构主义和语言哲学的方法也只能丰富这种整体的历史方法，只要讲方法就离不开这种整体历史。后来阿尔都塞、福柯（"人死了"）都批评人本主义，在思想上主要就是指向萨特式的存在主义。因为如果过度模糊人的体验和"历史"的概念的区别，那所有的历史－系统的"科学"都可以归结为人的体验，概念化的历史叙述也就无法展开，所以才有强调历史的"整体结构"的结构主义。

第二章 历史叙述的真实性:"意识经验"与系统性的辩证法

如果缺少了"历史叙述"的系统结构意识,光凭存在主义的"体验"是无法吸收黑格尔式的系统历史观中的"活的东西"的,因而也就更不可能真正"解构"它。因为我们不可能仅凭"体验"或"同情的理解"就穿越回"过去",完全站在当时的情景当中,但我们可以根据对于过去—现在—未来的这个历史的时间性"整体运动"的体验,去叙述关于"过去"的"真理",并且使这个叙述经得起实践和历史的检验:"黑格尔把自己置于历史终结的开端,亦即真理死亡的时刻"①,"马克思的独创性在于他同黑格尔相对,揭示出历史在发展中,存在不能降变为认知,他坚持存在之中和认知之中都有辩证运动,从实践角度而论,他是正确的……(黑格尔)只预言了过去,他只说历史终结了,完成了,事实上在活生生的历史过程中为自身而存在的契机只能猜测无法认知其真理的未来。正如真理本身是不完整的一样。然而马克思主义者说的未来却是真正的未来,它是全新的,不能将它降变为现在。"②

3

"历史性"对哲学来说究竟意味着什么呢?哲学是对"过

---

① [法]萨特:《辩证理性批判》上卷,林骧华、徐和瑾、陈伟丰译,合肥:安徽文艺出版社1998年版,第154页。
② [法]萨特:《辩证理性批判》上卷,林骧华、徐和瑾、陈伟丰译,合肥:安徽文艺出版社1998年版,第155页。

去的知识"的"系统性总结"吗？不是，哲学是对新的、正在实践中生成的"时代精神"的表达，哲学是"面向未来"的，就连对"哲学史"的"叙述"在本质上也是面向未来的。对我们这个时代依然有意义、甚至被认为构成了我们这个时代的哲学的历史发源地的"经典"哲学文本，如康德的《纯粹理性批判》，不可能脱离与这种新的"时代精神"的联系而得到准确的、时代性的理解——这也就是为什么，我们有更充分的理由，把康德的《纯粹理性批判》与黑格尔或马克思的著作联系起来，而不是与康德的"前批判时期"著作联系起来，以便形成完整而有意义的哲学史叙述：

"哲学首先是'上升的'阶级意识到自我的一种方式，这种意识可以是清晰的或模糊的、间接的或直接的；在穿袍贵族和商业资本主义的时代里，是由法学家、商人和银行家组成的资产阶级通过笛卡尔主义对自己的认识；一百五十年之后，在工业化的初级阶段，由工厂主人、工程师和科学家组成的资产阶级在康德主义向它提出的博学者的形象中模糊地发现了自己。"[1]

如果我们将哲学视为一种理解"历史"的运动和发展，或者说一种解释历史的方法，那么显然，这种理解的真实性全在

---

[1] [法]萨特：《辩证理性批判》上卷，林骧华、徐和瑾、陈伟丰译，合肥：安徽文艺出版社1998年版，第7—8页。

于它的"整体性"和系统性。对历史的哲学理解有些是直接的，有些是间接的，有些是清晰的，有些是模糊的，例如我们不能直接用18世纪德国或欧洲的"经济发展"来解释康德哲学的产生，但在我们对康德哲学或理性启蒙的"解释系统"中，却必须以间接的、概括的、总结其"时代精神"的方式"涉及"18世纪欧洲的经济发展。"如果哲学应该同时成为知识的整体化、方法、调节性的理念、进攻的武器和语言共同体，如果这种'世界观'也是对那些被蛀蚀的社会进行加工的一种工具，如果一个人或一群人的这种特殊观念成为文化的本质，有时则成为整个阶级的本质，那么十分清楚，哲学创造的时代是罕见的。"①"理性"或"启蒙"的时代是"罕见的"，甚至可以说是一个奇迹，因为理性哲学并不是对"已经存在"的东西的"反映"，理性哲学恰恰起源于对"已经存在"的东西的"批判"，作为一种"世界观"和"时代精神"，它既不是"自然"，也不是"社会"的镜面式的"真实反映"，而是"对那些被蛀蚀的社会进行加工的工具"。按照黑格尔的理解，理性哲学提供了一种在历史的运动和发展中形成的一种普遍的"自我意识"，或者说对"自我"进行统一化理解的可能性。在以康德和黑格尔为代表的理性哲学形成这种普遍的"自我意识"或

---

① [法]萨特：《辩证理性批判》上卷，林骧华、徐和瑾、陈伟丰译，合肥：安徽文艺出版社1998年版，第9—10页。

"自我理解"之前，我们几乎没有对"历史"的真正（系统性的，因而是真实的）理解——是理性哲学第一次使我们有可能在"时代精神"的名义下建立起对"时代"的整体性的理解，这就是理性哲学的总体化、一体化的力量。可是，一个生活在10世纪的中国人会怎样看待他自己和他自己所处的时代的"历史意义"呢？这个问题在本质上就是自相矛盾的，或者说，这个问题只可能在"辩证法"的意义上被提出，因为所谓对"自我"，乃至对"一个时代"的"总体性"看法，本身就是"理性哲学"的"历史观"。简单地说，我们的"历史意识"是被我们时代的"哲学意识"所渗透的，或者说，正是我们时代的哲学意识，使我们的"历史意识"成为可能。除了用我们时代的"语言"去进行"比照性"的叙述，这个问题已经不可能被以别的方式提出，我们以科学时代的语言对"过去时代"的叙述本质上只是在把我们时代的"自我意识""套用"（实际是"想象"）到所谓"过去时代"中去而已。我们只是在用我们时代的语言去"回答"上述（本质上是由我们自己的时代提出的）关于20（21）世纪中国人的"问题"，这种"问题"和"回答"正是历史的"辩证法"，"历史"如果具有某种"真实性"，也只能是在这个"辩证法"的意义上。

但从笛卡尔到康德的"理性时代"的哲学家，尽管"开创"了"理性时代"，却并没有在"世界观"的意义上"完成"这个理性时代的"哲学"。比如，康德的《纯粹理性批判》依然

第二章 历史叙述的真实性:"意识经验"与系统性的辩证法

在极大的程度上被18世纪特有的自然科学的问题意识所主导。从这个意义上说,黑格尔已经突破康德对"理性"的经典理解,并开始确立"哲学"的全新"起源",把关于"理性"的哲学话语熔铸为一种"历史叙述"的"系统结构","哲学上规模最大的整体化是黑格尔的学说。知识在他的学说中上升到最显要的地位,知识不仅对准外部的存在,而且把这种存在并入自身,并在自身中将它解体;精神不断具体化、异化和复原,它通过自己的历史而达到实在化。人被外在化,并消失在事物之中,但哲学家的绝对知识超越任何异化。这样,我们的分裂和成为我们不幸的矛盾是一些为了被超越而提出的契机(moments),我们不仅仅是学者,看来我们是在精神上意识到自我的胜利之中被认识的;知识通过我们,在使我们解体之前给我们定位,我们在活着时便同最后的整体化融为一体:这样,一种悲惨的经验,一种导致死亡的痛苦的纯粹体验被一种体系作为应该通过中项的非常抽象的规定性,作为通向唯一真正具体的、抽象的过渡来吸收。"[1]

4

"在某些十分确定的情况下,一种哲学的构成是用来表达

---

[1] [法]萨特:《辩证理性批判》上卷,林骧华、徐和瑾、陈伟丰译,合肥:安徽文艺出版社1998年版,第11—12页。

社会的总体运动，只要这种哲学还活着，他就是同时代人的文化领域。"①一切"活的哲学"都具有时代性，哲学与时代相关联，而这种哲学总要表达时代社会的总体运动和发展。它统一着"历史"与现在，并影响着未来。可以说，哲学规划和定义了时代，我们对文化乃至传统的理解，是在特定的旧哲学的概念规划之下形成的，正如我们现在对文化的理解脱离不开理性哲学的"概念"一样，一个真正的能够规划和影响未来的哲学，则必须打破这种概念的界限，才能反映我们这个时代真实的历史运动。"活的马克思主义是具有启发性的，同它的具体研究相比，它的原则和它以前的知识显现为调节性的，在马克思那儿永远找不到实体，那些整体是活的，它们在研究的范围内通过它们自己来自我确定。"②从历史中提炼出一条实体性的原理是不可能的，但对任何一个片面的历史描述进行批评时，历史哲学就可以显示出它的调节性，"活的哲学"所具有的这种辩证张力，使哲学能更好地融入时代和"历史运动"中去。

哲学只有充分历史化才有可能是系统化或者整体化的当代知识，只有在反映历史的基础上，才能够实施自己的整体化。"这样，今天在我们这里谈论'康德的理念'，在德国人那里，

---

① [法]萨特:《辩证理性批判》上卷，林骧华、徐和瑾、陈伟丰译，合肥：安徽文艺出版社1998年版，第7页。
② [法]萨特:《辩证理性批判》上卷，林骧华、徐和瑾、陈伟丰译，合肥：安徽文艺出版社1998年版，第25页。

则谈论费希特的世界观。这是因为一种哲学在十分敏锐有力之时，决不会表现为一种惰性物，不会表现为知识的已经终结的消极统一；它产生于社会运动，本身就是运动，并影响着未来。"① 康德和费希特哲学正是在欧洲社会历史运动非常丰富激烈时形成的思想，在当时的时代并不表现为一种纯概念的东西，这也正是我们至今仍探讨它的原因，但我们不能抽象地从字面上来理解康德和费希特哲学，而应该把它理解为一种社会总体运动的综合性的表达。

马克思所表现出来的系统、整体、辩证的历史意识比黑格尔更加充分，萨特认为这充分体现在"马克思相信，事实从来不是孤立地出现的，如果它们是一起产生的，那么它们总是在一个整体的高级统一之中，通过一些内部关系联系在一起，一个事实的存在会改变另一个事实的深刻本质，所以他用综合的方法来研究1848年的2月革命或路易-拿破仑·波拿巴的政变，他在其中看到了一些同时由他们的内部矛盾撕裂和产生的整体。"② 哲学给历史的启示是，要用综合整体的方法来考察时代，才有可能掌握时代的本质，客观地分析时代的特点，从而"公正"地为时代说话，提出解决时代问题的方法。

---

① ［法］萨特：《辩证理性批判》上卷，林骧华、徐和瑾、陈伟丰译，合肥：安徽文艺出版社1998年版，第8页。
② ［法］萨特：《辩证理性批判》上卷，林骧华、徐和瑾、陈伟丰译，合肥：安徽文艺出版社1998年版，第24页。

萨特认为马克思的"历史唯物主义",即一种起源于对"实践经验"形成"历史"的过程进行描述,并在这种描述中实现历史的总体性和系统性的理论,才有可能与黑格尔体系形成某种"历史辩证法",使我们有可能真正"超越"黑格尔哲学所规划的"世界历史的哲学","马克思主义非但没有衰竭,而且还十分年轻,几乎是处于童年时代,它才刚刚开始发展。因此,它仍然是我们时代的哲学,它是不可超越的,因为产生它的情势还没有被超越。我们的思想不管怎样,都只能在这种土壤上形成;它们必然处于这种土壤为它们提供的范围之内,或是在空虚中消失或衰退。存在主义像马克思主义那样研究经验,以便从中发现一些具体的综合;它只有在一种运动的和辩证的整体化内部才能想象出这些综合,而这种整体化正是历史。"[1]

5

当代哲学的根本问题并不是要不要彻底抛弃"主体－客体"的近代认识论哲学话语的基本模式的问题,因为这在我们彻底走出"黑格尔－马克思"所勾画的理性－资本主义时代之前是不可能的;真正现实和具有"实践"意义的方法是,像黑格尔和马克思所做的那样,将"主体－客体"的"辩证法"当

---

[1] [法]萨特:《辩证理性批判》上卷,林骧华、徐和瑾、陈伟丰译,合肥:安徽文艺出版社1998年版,第28页。

作一种正在"生成"中的"经验",置于其真实的"历史运动"中去分析。黑格尔对历史的这种"规模最大的整体化"意味着最大的历史涵盖力,意味着在理性、科学和认识论的时代,任何对历史的哲学理解,任何"历史观"的形成,都绕不开黑格尔(辩证法)的方法论结构,甚至在本质上都是对黑格尔式的"历史总体化"结构的"差异性重复",也就是所谓"黑格尔的幽灵"。这种黑格尔式的理性主义历史叙述模式"起源"于《精神现象学》,它不仅作为一种历史精神或"历史感"笼罩着黑格尔的整个"哲学体系",而且也影响甚至决定着萨特的"存在主义的马克思主义"历史观的"生成"。

在萨特看来,存在主义在对哲学的历史性的理解上克服了黑格尔以"泛逻辑主义"对"历史"做简单化和抽象化处理的弊端,可以在方法上使我们意识到,处于一定时间(时代)中的"真实"的"历史经验",恐怕不是黑格尔事先设定好的"概念"(如精神、理性、自由、世界精神等)所能够充分阐释的:

"基尔凯郭尔和黑格尔的对立,是因为对后者来说,**一种生活的悲剧性总是被超越的。体验在知识中消失。黑格尔对我们谈论奴隶和他对死亡的恐惧。但是,这种死亡在被感觉**之后,成为认识的普通客体和一种本身被超越的变化契机。在基尔凯郭尔看来,黑格尔谈论的'死亡的自由'或正确地描写信仰的某些方面都并不重要;他指责黑格尔学说忽视被体验的经验的

不可超越的不透明性。"①

　　这就是被萨特海德格尔化了的基尔凯郭尔对黑格尔历史哲学的根本质疑：在时间中形成的"真实体验"，可以作为一个"认识的普通客体"加以普遍化和抽象化，从而在逻辑上被"吸收"为一个"历史发展"的"契机"吗？难道"体验"与一个可以被认识和叙述的"客体"之间，不是永远存在一层"不可超越的不透明性"吗？黑格尔在《精神现象学》中提出，我们可以"克服"死亡，并且正是在这种对死亡的克服中创造了"精神"的"历史意义"，但"对死亡的恐惧"真的是可以被"克服"的吗？难道这种"对死亡的恐惧"所带来的对"生活的悲剧性"的体验，不是一个比抽象的"精神"所带来的短暂（虚伪）的"克服"更加"真实"、更加"原始"的"历史事实"吗？历史究竟起源于"精神"对"死亡"的克服，还是起源于这种"对死亡的恐惧"本身呢？

　　存在主义在"历史观"上对黑格尔所作的整体化、系统化的"泛逻辑主义"努力的一种深刻质疑，有其不可忽视的方法论意义，但却不可能"超越"黑格尔的整体化历史观，因为存在主义思想从其"起源"来看，就只能在黑格尔哲学所规划的历史时代中，寄生于黑格尔体系的边缘，作为一种对黑格尔哲

---

① [法]萨特：《辩证理性批判》上卷，林骧华、徐和瑾、陈伟丰译，合肥：安徽文艺出版社1998年版，第12页，注释1。

学体系的"补充"而存在；从其哲学逻辑来看，一种个人化、主观化的"体验"根本不足以和得到历史经验的发展和充实、经过系统论述的"精神现象学"相对抗，甚至只能日益沦为一种在哲学上"失语"的"边缘体验"。如果说存在主义揭露了资本主义社会中逐渐变得干瘪和"平均化"的个人内心体验，那么马克思的历史唯物主义则揭示了资本主义社会形成这种历史体验的必然性。"马克思在《路易·波拿巴的雾月十八日》中这样刻画资产阶级革命的时代：它的激情没有真理，它的真理没有激情；它的完全变得清醒的世界只有通过移植才能结出果实，它的发展是不断地重复紧张和松弛，它的对立推进到极端，只是为了变得麻木不仁和崩溃，它的历史没有结果，它的英雄没有英雄业绩。它的'最高的规律'就是'不作决定'。"①

三、陈述"意识经验"的"历史运动"的《精神现象学》

1

在《精神现象学·序言》一开头，黑格尔就对"哲学"和"历史"的关系作了清晰的理论说明：一方面，哲学思想，就其本质而言，是不适宜作"历史的陈述"的，因为"历史"中

---

① [德]卡尔·洛维特：《从黑格尔到尼采》，李秋零译，北京：中国人民大学出版社2014年第2版，第216页。

充斥着并不涉及"真理"的各种原始的偶然性细节,陷入到这种"历史"中去反而会遮蔽真理的"体系性"。"在一篇序言里,不论对哲学作出怎么样周详的陈述,比如说,给哲学的趋势和观点、一般内容和结果作一种历史性的叙述,或就真理问题上各家各派的主张和断言作一种兼容并蓄的罗列,如此等等,毕竟不能算是适合于陈述哲学真理的方式和办法。"[①] 因为仅仅"罗列"性的"兼容并蓄",而不是通过一种哲学性的"历史精神",从中升华和提炼出一种新的真理性的"知识",并不足以被称为"科学"。哲学必须从"起源"上就只"陈述"真理,"一下子"(超越"历史")把自己的"观点"讲清楚。但另一方面,如果认为哲学可以抛开"历史"**直接**获得一种概念式的真理体系的形态,那就等于把哲学降到一种"自然科学"的水平——其思维方式的本质是不通过"意识(历史)经验"的检验就对已经形成的"真理"加以相信的"信仰",只不过信仰的对象由"上帝"变成"自然"而已。"由于在本质上哲学所探讨的那种普遍性的因素本身就包含着特殊,所以在哲学里比在其他科学里更容易使人觉得,仿佛就在目的或最终结果里事情自身甚至其全部本质都已得到了表达,至于实现过程,与此

[①] [德] 黑格尔:《精神现象学》上卷,贺麟、王玖兴译,北京:商务印书馆1979年第2版,第1页。

第二章 历史叙述的真实性:"意识经验"与系统性的辩证法

结果相比,则根本不是什么本质的事情。"①

所以"精神现象学"的"陈述"方法是这样的:将"结果(真理)"连同它的"实现过程(历史)"同时表达出来,并且在表达真理时逻辑上不超出现有的历史(文本)所能支撑的限度;而在叙述历史时则不去涉及其与真理的形成无关的神秘的偶然性细节。"精神现象学"一方面和所有"科学"一样,以"真理"为自己陈述的对象;另一方面,它又要陈述真理在"意识经验"中显现的方式和过程,要把真理在历史形成过程中的每一个"阶段"作为一个逻辑上的"环节"表达出来:"科学既要描述这种形成运动的发展经过及其必然性,又要描述那种已经沉淀而为精神的环节和财产的东西所呈现的形态。"②对于作为"个体"的人而言,要想切实地认识真理,把真理的"内容"作为"实体"去"经验",也"必然"要经历这个"历史形成"的"意识结构"才有可能:"由于不仅个体的实体,甚至于世界精神,都具有耐心来经历漫长的时间里的这些形式,并有耐心来担当形成世界历史的艰巨工作(在世界史的每个形式下世界精神都曾就该形式所能表现的范围将它整个的内容体现出来),又由于世界精神在达到它的自我意识时也没能轻而

---

① [德]黑格尔:《精神现象学》上卷,贺麟、王玖兴译,北京:商务印书馆1979年第2版,第1页。
② [德]黑格尔:《精神现象学》上卷,贺麟、王玖兴译,北京:商务印书馆1979年第2版,第18-19页。

易举，所以按照事情的性质来说，个体要想把握它的实体是不可能有捷径可走的。"①但这并不意味着个体要在现有的科学形态下掌握全部的"世界历史"之后才能进行哲学思考，而是意味着必须通过对"自我意识"及其形成过程的理解，从已经陷入细节和偶然性的、构成了我们"现在"可叙述的历史视野的极限的科学形态的"自在的历史"中，提炼出总体性的"世界精神"的方法，来把这种"自在的历史"转化为一种充满世界精神的"自为的历史"。在《精神现象学》中，黑格尔试图把"历史"描述为"精神"外化的产物，可认识、可叙述的"历史"的本质是"精神"（其本质是"意识经验"）的"生成"和"发展"，即把"自在存在"的"历史记忆"转化为"自为存在"的"历史叙述"的"行动的情况"："内容既然已经是一种**在思想中的东西**，所以就是实体的**财富**；个体不再需要把具体存在转化为**自在存在**的形式，而仅只需要把已经**呈现于记忆中**的**自在存在**——既不只是原始的，也不是沉没于具体存在中的自在存在——转化为**自为存在**的形式。这种行动的情况，应该加以详细叙述。"②

---

① ［德］黑格尔：《精神现象学》上卷，贺麟、王玖兴译，北京：商务印书馆1979年第2版，第19页。
② ［德］黑格尔：《精神现象学》上卷，贺麟、王玖兴译，北京：商务印书馆1979年第2版，第19页。

2

"梅洛-庞蒂早年受到黑格尔《精神现象学》和青年马克思的影响。这两个人都将人类的历史活动作为自己的思考的主题。"[1] "他认为,历史中的任何东西都既是运动,同时又是惰性……历史行动本身都有暧昧性和惰性,因此,历史的任务不可能作为直接的目标出现,而只能以大致的形态标示出来。实践有一种无法参透的历史深度,直接与事物打交道只是一种梦想。除了在某些瞬间,所有与历史的接触都是间接的,所有的行动都是象征的。"[2] 辩证法"提供了一个全面的、原始的经验场的总体结构,在这总体结构中每一因素都对其他因素开放。辩证法只是人们相互交往和与存在交往的经验的表达或真理。它是一种思想,本身并不构成总体,但处在总体之中。由于人类活动原始的暧昧性,具体的辩证法总是为双重意义,可逆性、不断产生和计划与秩序的多样性留下余地。甚至一切最终解决都是模棱两可的。历史并不按照一个模式来运作,它只是意义的来临。"[3] 辩证法本身并不是一种逻辑形式,不能用定理或命题固定下来,而只是具体历史叙述的暧昧性、多意性、敞开性和对话性的一种表达。辩证法作为一种从总体上叙述历史经验和历史真理的方法,其真理性并不在于具有某种逻辑框架的形

---

[1] 张汝伦:《现代西方哲学纲要》,上海:上海人民出版社2016年版,第366页。
[2] 张汝伦:《现代西方哲学纲要》,上海:上海人民出版社2016年版,第367—368页。
[3] 张汝伦:《现代西方哲学纲要》,上海:上海人民出版社2016年版,第368页。

式上的（脱离具体历史经验的）虚伪系统性，而恰恰在于，在表现为虚伪系统性的惰性的"文化传统"中，通过具体历史叙述（的语言方式），让生活在"现代"的人，切实领悟到自身存在的历史性（时间性）意义，领悟到自身通过"实践"改变"历史"的可能性。

"历史实践"与"历史叙述"之间，有一种无法克服的距离，也就是梅洛-庞蒂所说的"暧昧性"。人的历史活动的主观目的与他（作为一个要素）在整个历史实践的"总体（系统、结构）"中发挥的作用和意义是不同的；而"历史叙述"不可能完整而全面地还原这个已经消失的"历史实践总体"。所以，历史叙述的目标（对象），既不是这个"历史实践"的"总体结构"，也不是（个）人的历史活动的主观目的和心理体验，而是这两者之间的"辩证法"：这两者都无法在"真实（真理）"的意义上通过历史叙述得到还原和"再现"，然而历史叙述却可以从总体上构思一个"历史实践的经验场"，并在其中实现对这两者之间相互影响、相互生成甚至相互决定的必然关系系列（辩证法）的细致、充分、精确的描述——从这个意义上说，历史叙述涉及这个或那个历史事件、这个或那个历史人物是无关紧要的，因为历史叙述的本质目标是描述个别历史事件或人物在"历史实践总体"中发挥作用的普遍方式，以及个别历史事件成因和人物（心理）体验形成的普遍辩证法。

"通过把哲学看作是对历史经验的理解，把历史看作是哲学的生存，黑格尔已经把它们视为同一的。然而，冲突只不过被掩饰起来了：哲学在黑格尔那里仍然是绝对知识，体系，整体，而哲学家所说的历史严肃地说并不是历史。相反地，作为纯粹事实或事件的历史，将一种撕裂体系的内部运动引入到了它被融入其中的体系中。"①

不过，作为"纯粹事实或事件"的"历史"，其被"考证"、"确立"为"事实"的过程，其要求被承认为真实或真理的意识，难道不也是历史性的，也是在某种宏观的体系化的历史背景和时代意识中产生的吗？宏观历史与微观历史的辩证矛盾，的确会将一种"内部运动"引入"体系"，甚至也会在表象上"撕裂"体系，但它终究却不会彻底摧毁体系，而是使我们意识到体系的历史性，从而在新的时代精神中建立新的体系，因为正如黑格尔说的，真实性就是体系性本身。

梅洛－庞蒂的历史思想中交织着存在主义和结构主义的历史观，一方面，他也重视存在主义对个人心理层面的"历史经验"的深入挖掘；但另一方面，他更重视的显然还是"历史叙述"中的客观的、结构性的要素，如"世界""语言"。甚至可以说，"语言"和"（生活）世界"的辩证法，已经开始代替了个人体验与实践总体结构之间的辩证法，悄然成为历史哲学的主题：

---

① [法]梅洛－庞蒂：《哲学赞辞》，杨大春译，北京：商务印书馆2000年版，第31页。

"我们建立了一种生活世界的哲学，我们的建构（以'逻辑'的方式）使我们重新发现这个沉默的世界。在什么意义上重新发现呢？它已经在那儿了吗？"[①]"生活世界"是 20 世纪胡塞尔开创的"现象学运动"贡献给现代哲学的最重要的观念，它使一个被理性-历史所遮蔽的沉默（体验）的本真世界逐渐显现了出来："正是作为非主题化的**生活世界**而在那儿的。在某种意义上，它的陈述意味还被描述为非主题化的：因为这种也将会是沉淀的，并将被**生活世界**'重述的'陈述将被包括在生活世界之中，而不是陈述包括生活世界。"[②]

任何语言化的历史叙述（"陈述"）的"意义"，都取决于"生活世界"本身的历史运动。对"生活世界"的理解决定了对"陈述"的理解。然而生活世界本质上是一个沉默的世界，而不是一个语言的世界，生活世界的历史运动是在沉默中发生的，而不是在语言中发生的：在历史的世界中，生活世界不可能成为一个基础性的观念，用来形成一种新的哲学体系，它只能在那些人们企图用概念将"（语言）陈述"的意义固定下来形成逻辑体系的地方，通过勾画出"（语言）陈述"在"生活世界"中的起源和边界，来显现出"历史"的意义：

---

① [法] 梅洛-庞蒂:《可见的与不可见的》,罗国祥译,北京:商务印书馆 2016 年版,第 210—211 页。
② [法] 梅洛-庞蒂:《可见的与不可见的》,罗国祥译,北京:商务印书馆 2016 年版,第 211 页。

第二章　历史叙述的真实性:"意识经验"与系统性的辩证法　　| 69

"语词不反映实证意义,因而最终不反映像**自身被给予**那样的**体验**(Erlebnisse)。'意识'一词将会指向的自我意识的神话,——只有意义的**差异**。"①

"然而存在着沉默的世界,至少被知觉的世界是一个领域,在其中,有一些非语言的意义。"②"语言通过打破沉默实现了沉默期望却没能得到的东西。沉默继续包裹语言;绝对语言的、思考的语言的沉默。"③

3

康德的《纯粹理性批判》通过对近代认识论哲学的深入分析和创造性综合,创立了现代哲学中分析"主体"如何主动地建构"经验"乃至"知识"的基本方法。黑格尔是这条哲学道路的追随者,同时在《精神现象学》中对康德哲学的基本精神和认识论方法有所发展,那就是"真理"不能逻辑地建立在"主体"的某种固定的、静态的框架(范畴)之上,而只能存在于主体"构造"对象的真实"经验"中。虽然黑格尔本人在《逻辑学》中一定程度上也退回到了逻辑范畴模式,但黑格

---

① [法]梅洛-庞蒂:《可见的与不可见的》,罗国祥译,北京:商务印书馆2016年版,第212页。
② [法]梅洛-庞蒂:《可见的与不可见的》,罗国祥译,北京:商务印书馆2016年版,第212页。
③ [法]梅洛-庞蒂:《可见的与不可见的》,罗国祥译,北京:商务印书馆2016年版,第219页。

尔《逻辑学》中也不乏对于"意识"的"逻辑经验"和"真理经验"的现象学式的"陈述",正是这些"意识经验"的成分,成为我们理解黑格尔"辩证逻辑"的最可靠的历史线索,作为"精神现象"的"意识经验"具有一种真理性的完整逻辑结构,所以,它在本质上是一种可叙述的经验。尽管"意识经验"的本质是一个辩证生成的过程,但这种生成性或历史性并不排斥它作为"现象"在逻辑(在场结构)上的真理完整性,甚至,恰恰只有在"体系"(逻辑)中,意识经验的"真理性"才能开始辩证地"生成"。——对于一个非科学体系化的所谓"纯粹"的"意识经验",是谈不上"对"或"错",谈不上什么"真理性"的:

"因为从本质上说现成存在着的知识本来是一种关于对象的知识:跟着知识的改变,对象也变成了另一个对象,因为它本质上是属于这个知识的。意识因而就发现,它从前以为是**自在之物**的那种东西实际上并不是自在的,或者说,它发现自在之物本来就只是**对它[意识]而言的自在**。"①

"意识对它自身——既对它的知识又对它的对象——所实行的这种**辩证的**运动,**就其替意识产生出新的真实对象**这一点

---

① [德]黑格尔:《精神现象学》上卷,贺麟、王玖兴译,北京:商务印书馆1979年第2版,第60页。

而言，恰恰就是人们称之为**经验**的那种东西。"①

如何在"悬搁"本质和概念的基础上，将"意识的经验"的运动、变化和"历史"（"存在"和"自然"都是"意识经验"结构的组成部分）"陈述"、叙述出来，这就是《精神现象学》摆在哲学面前的问题。如果说"精神"代表了"精神现象学"中"逻辑"的一面，那么"现象学"则代表了"精神现象学"中"历史"的一面；这样一来，精神（逻辑、真理）就成了一种向"历史经验"敞开的思想结构，成了一种对意识的原初的（起源性的，original）历史经验的"叙述"，而《精神现象学》则展现了主体–客体关系的历史展开和意识的历史经验"辩证生成"的完整过程。所以每当黑格尔想要把哲学主体从"意识经验"领域转移到"本质领域"的时候，就会把"意识"这个词换成"精神"，仿佛对"现象（意识经验）"的"陈述"一旦完成，其中蕴含的历史性的"实在的知识"也就被一劳永逸地纳入到了"科学体系"中去了：

"每一种历史学的陈述及其论证都已经活动在一种与历史的关系中。因此，在对表象的历史学上的正确性作出裁决之前，我们先就需要沉思：历史是否以及如何被经验，历史的基本特征从何而来被规定？""黑格尔已经根据绝对主体性意义

---

① ［德］黑格尔：《精神现象学》上卷，贺麟、王玖兴译，北京：商务印书馆1979年第2版，第60页。

上的存在之本质经验了历史的本质。直到此刻,从哲学上看,还没有一种对历史的经验能够与黑格尔的这种历史经验旗鼓相当。"①

"历史"具有科学一样的"真理性"和"确定性"吗?如果历史学真的可以增加我们的知识并因此是"有意义"的,那么我们也可以像康德对自然科学提出"先验综合判断如何可能"这个认识论问题一样,对历史学提出这样的问题:历史学所叙述的内容,曾经真实地被"经验"到吗?或者说,它被"经验"到的方式和它被叙述的方式之间,存在着必然的联系吗?如果借用海德格尔的说法,脱离了"绝对主体性意义上的存在之本质"即"绝对精神","历史经验"还有其他可能的主体吗?

无论黑格尔是把"绝对精神""绝对理念"还是"世界精神"或者"自由"的理念作为历史经验的主体,正是以"现代意识"对"历史经验"的系统建构形成了他的体系的"历史感"的基础:"精神的历史发生在一种运动中,其特征是自我返回,这种运动表现出的引人注目的单调性和统一性,通常达到了这样的程度:永远运用特定的形式。但我们不应该忽视,正是与这种单调性相对,那部历史的每一个阶段才具有其'自己的'

---

① [德]海德格尔:《黑格尔与希腊人》,见海德格尔:《路标》,孙周兴译,北京:商务印书馆 2000 年版,第 517 页。

现实性。"① 海德格尔的这个评价不仅适用于《精神现象学》,而且也适用于黑格尔晚期的《历史哲学》《法哲学原理》和《哲学史讲演录》等作品,是对黑格尔建构"历史经验"的方法的一个恰当的概括。

海德格尔对《精神现象学》的思想挖掘,最集中地展现在他对"意识经验"概念的系统梳理和发展。海德格尔特别强调"精神现象学"作为"意识经验的科学"的本质,他对《精神现象学》乃至整个近代哲学的理解、评论和发展,也是围绕着"意识经验"的概念展开的——或者更确切地说,是围绕着对"意识经验"的"历史性"的"解构"展开的。海德格尔的"意识经验"首先是存在论性质的,其认识论性质只是其历史性展开过程中的一种表现。按照海德格尔的观点,"认识"中的"真理"作为一种"意识经验"本质上是一种"存在经验",如果黑格尔要把近代在"科学"方法基础上形成的理性哲学推进到"意识经验"层面,就不能仅仅把《精神现象学》作为通往《逻辑学》的桥梁——如果我们不仅仅把黑格尔哲学看作德国古典哲学甚至整个"西方哲学"的"集大成者",而是更多地把黑格尔看作"现代哲学"的开启者,就应该把"精神现象学"本身看作一种(在"意识经验"层面上)比作为哲学范畴

---

① Martin Heidegger, *Hegel's Phenomenology of Spirit,* Translated by Parvis Emad and Kenneth Maly, Bloomington and Indianapolis: Indiana University Press, 1988, p.45.

体系的《逻辑学》更"真实"的哲学思想。

　　按照海德格尔现象学观点的解读,黑格尔《精神现象学》中的"意识"的"经验",可以理解为"现象学"中的"现象"或"显现"的概念:"经验乃是显现者本身的显现。对显现的陈述是显现的一部分,属于显现,因为显现乃是意识在其中实现其实在性的运动。"① "意识作为意识乃是它自己的运动,因为意识乃是存在状态上暨前存在学上的知识与存在学上的知识之间的比较。"② "意识是作为自然的知识与实在的知识之间的对话的意识,这种对话贯穿意识的所有形态而完成对意识之本质的聚集。"③ "辩证法作为一种显现方式归属于存在,而存在作为存在者的存在状态从在场中展开出来。黑格尔不是辩证地把握经验,而是根据经验的本质来思考辩证法。经验乃是那个作为主体的根据主体性而得到规定的存在者的存在状态。"④ "陈述是一条道路,但并不是从前哲学的表象到哲学之间的一个路

---

① [德]海德格尔:《黑格尔的经验概念》,见海德格尔:《林中路》,孙周兴译,上海:上海译文出版社2004年版,第196页。
② [德]海德格尔:《黑格尔的经验概念》,见海德格尔:《林中路》,孙周兴译,上海:上海译文出版社2004年版,第196页。
③ [德]海德格尔:《黑格尔的经验概念》,见海德格尔:《林中路》,孙周兴译,上海:上海译文出版社2004年版,第197页。
④ [德]海德格尔:《黑格尔的经验概念》,见海德格尔:《林中路》,孙周兴译,上海:上海译文出版社2004年版,第197页。

第二章　历史叙述的真实性："意识经验"与系统性的辩证法　　75

段。哲学本身就是道路,是陈述着的表象的通道。"①"这个通道的运动必定取决于陈述所跟随的东西,取决于现象意识本身,也即取决于实在的知识——后者乃是自然的知识的真理。"②

"现象学乃是精神与其在场（Parusie）之对话的自行聚集。现象学在这里是表示精神之此在（Dasein）的名称。③ 精神是现象学的主体,而不是现象学的对象。这个词在这里既不意味着一门哲学学科,它甚至也不是表示一种特殊的、意在描述所与之物的研究方式的名称。但由于绝对向着其在场的自行聚集本质上要求着陈述,故现象学的本质就包含着一种规定性,即成为科学——而这并不是因为现象学是精神的一种表象,而是因为它是精神的此在,即精神的在场状态。"④ 但这样一来,海德格尔隐藏在存在论术语下的对"存在经验"的历史呼唤,本质上就**只能**是把"精神"定义为"存在遗忘"的"精神现象学",因为"存在遗忘"的实质无非是把关于"存在"的"意识经验"辩证地确立为追溯"缺席（差异）"的历史"线索",并在此基础上为"未来辩证法"奠基而已。

---

① [德] 海德格尔：《黑格尔的经验概念》,见海德格尔：《林中路》,孙周兴译,上海：上海译文出版社 2004 年版,第 155 页。
② [德] 海德格尔：《黑格尔的经验概念》,见海德格尔：《林中路》,孙周兴译,上海：上海译文出版社 2004 年版,第 155 页。
③ 海德格尔在这里甚至直接把"精神"的意识经验和自己《存在与时间》中的核心概念"此在"联系了起来。
④ [德] 海德格尔：《黑格尔的经验概念》,见海德格尔：《林中路》,孙周兴译,上海：上海译文出版社 2004 年版,第 215—216 页。

4

从黑格尔开始，德国哲学家们就开始将"历史"的维度引入对"经验"的分析，黑格尔、马克思和海德格尔就是这场哲学的历史化运动的三个主要推动者。"经验"在"时间"中的"形成"，绝不是一个可以在"理性"和"自我意识"内部完成的过程。黑格尔已经尝试着用"时代精神"的概念从"总体"上去寻求一个时间（时代）的"历史经验"得以形成的外部条件。黑格尔这种尝试的最生动也是最充分的表现就是《精神现象学》，在这部著作中，"历史经验"和辩证法的"形式框架"最无痕地融合在了一起，从而将"哲学话语"完全贴合着"历史真实"的路径生成了出来，而没有像黑格尔晚期著作和讲稿如《法哲学原理》和《历史哲学》中那样，过多地用"理性"和"世界精神"的"宏大叙事"来不科学地打断"历史真实"的内部逻辑。

如果放在整个 19 世纪到 20 世纪哲学发展的大背景之下来看的话，黑格尔的《精神现象学》把哲学锻造成了一种"陈述着的表象的通道"，从而开启了之后 19 世纪到 20 世纪理性哲学的历史化过程。黑格尔的《精神现象学》可以说是在现代"科学"话语中展开的西方形而上学的典型代表。而这种（不仅仅存在于现代科学话语中的）西方形而上学的"历史展开"的过程本质上也就是作为"现象"（"意识经验"）的"真实"

的"经验"渐渐被"逻辑学"所吸纳的过程——"精神"的逻辑构造过程同时就是"历史现象"的消失过程。按哈贝马斯的理解，在西方形而上学展开为"现代性的哲学话语"的过程中，黑格尔，尤其是《精神现象学》的地位，是"开创性"的，它构成了现代性的哲学话语的"起源"，也就是说，它可以不断在现代性的哲学话语中"辩证地"复制自身的结构，一旦我们"现代人"要用"话语"追溯"历史"，叙述历史，无论我们讲述的主观目的是什么，这种叙述要在客观上有"真实"的意义，就**只能**以《精神现象学》的方式，辩证地构造某种系统的"历史经验"，除非我们认为无需（现代性的哲学）"话语"的中介（比如通过艺术的诗化经验）就能**直接**"通达"历史经验本身。

历史是否有可能被"还原"为"意识经验"呢？不可能，因为即使被还原，被"叙述"的"历史"，作为"意识经验"，本质上也是属于叙述主体（作者）的"意识经验（心理体验）"，而不是历史的"经历者"的意识经验，更不是"文本"所能反映的复杂的、全部的历史经验。

只要我们开始"叙述"历史，就已经是在"重述"历史，因为"叙述"本身没有与"历史原点"即"绝对精神"在逻辑上的抽象同一性，而只能是一种差异性存在（德里达所谓"延异""分延"）。不过，哲学是一种系统的、有意识的"叙述"，它明白只能由自己叙述的体系性本身为自己讲述的内容的真实性负责，而不能天真、朴素地依赖任何已经存在的（黑格尔在

《历史哲学》中所说的)"原始的历史"。哲学通过反思揭示出依然在"现在"中发挥着制约作用的"过去",揭示出由主观概念设定的抽象的时间连续性虚构的"传统"如何凝固和抽象成了"现代"中的"系统性"因素:

"黑格尔也懂得这一点。他说,'哲学史完全属于现在。'这意味着柏拉图,笛卡尔,康德只是在他们已经思考过的东西中才是不真实的,对他们还没有思考的东西作了保留。这些迂回并没有完成以便为黑格尔哲学作好准备;它们仍然被容许,进一步地说,它们仍然是必要的;它们乃是道路,而真理只不过是我们在路上所找到的所有东西的回忆。黑格尔再度向历史关闭其体系,但被超越的各种哲学继续在此呼吸和移动,伴随它们,他把偶然事件的不宁,运动和作用也封存起来了。"①

因此,"开端"(包括20世纪非常流行的"起源""结构""生成"和"逻辑与历史相一致"等)问题,只是相对于"绝对知识"的"体系"才"存在"的,如果没有形成独立的哲学知识(绝对知识)的"概念体系"的意识和努力,开不开端,从哪里开端都不构成哲学问题;而一旦有了"体系",或者至少有了"形成体系"的"意识",也就有了在"历史叙述"的限度内形成"绝对知识"的可能性,这时无论以哪里作为

---

① [法] 梅洛-庞蒂:《哲学赞辞》,杨大春译,北京:商务印书馆2000年版,第98—99页。

第二章 历史叙述的真实性:"意识经验"与系统性的辩证法

"(历史)开端"从逻辑上说就都是一样的,因为在哲学话语中,叙述时间(历史)的进程**只是**为了从概念上形成"体系"而已:

"通过精神现象学,绝对精神的维度——自知的知识——被赢获了。"[①]"这种绝对知识应当表现自身,不是表现为一堆知识,而是绝对被知之物(absolut Gewusste)在其自身之内就被关联到绝对理性本身之上了。看起来在个别事物上具备的东西,在其自身之内就被涵括到体系的整体之中去了,而且只有在这种涵括之下,才成为其所是。"[②]"恰恰因为绝对的认识是整体,而且作为整体而存在,它才与众不同地提出了开端的问题。"[③]

所以黑格尔的《精神现象学》,严格地说应该是一种"历史现象学",对这种历史现象学来说,不存在朴素的、非历史性的"自然意识";或者说,"精神现象学"的意义就在于,将已经实证化的"科学知识",还原为"时间"中的"此在"的"意识经验"的"现象"或"陈述"。在现代科学话语已经形成一种强势的、总体性的、笼罩一切的抽象"在场"的情况下,

---

① [德]海德格尔:《德国观念论与当前哲学的困境》,庄振华、李华译,西安:西北大学出版社2016年版,第276页。
② [德]海德格尔:《德国观念论与当前哲学的困境》,庄振华、李华译,西安:西北大学出版社2016年版,第277页。
③ [德]海德格尔:《德国观念论与当前哲学的困境》,庄振华、李华译,西安:西北大学出版社2016年版,第278页。

任何对于"历史"的"叙述",本身就带有一种"解构"性质,或者说,"叙述"的本质就在于,完整而系统地展现出"经验"得以形成的历史条件:

"自然的意识乃是在任何时代里都历史性地此在着的精神。不过,这种精神……作为主体性乃是现实的现实性。历史性的精神在任何时候都是靠自身回忆自己。而绝对的知识乃是对此在着的精神的显现的陈述。它完成着精神王国的存在构造的'机制'。"[1]

---

[1] [德]海德格尔:《黑格尔的经验概念》,见海德格尔:《林中路》,孙周兴译,上海:上海译文出版社2004年版,第216页。

第三章
"历史发展"的社会结构

一、主人和奴隶的辩证法

1

萨特对黑格尔的"意识"与"自我意识"的关系的理论作了发展,其中最引人注目之处,就是借助于胡塞尔的现象学思想,明确引入了对"他人意识"的现象学分析①,并在对"自我"意识和"他人"意识的辩证分析中,更加具体地解释了"主奴关系"乃至"社会意识"的起源。萨特认为,"黑格尔犯了认识论的乐观主义的错误。他事实上觉得自我意识的**真理**能显现出来,就是说在各意识之间能通过别人对我的认识和通过

---

① 海德格尔在《存在与时间》中对"共在"(Mit-Sein)进行了分析,但却不是在黑格尔的"意识"哲学系统内进行的,在这一点上,萨特和胡塞尔比海德格尔更接近黑格尔。

我对别人的认识的名义实现一种客观的统一。"[①] 而在现象学的观点看来，这是过于草率和简单地把复杂的意识现象或者说意识经验"对象化"的结果，用胡塞尔的语言来说，在这一点上黑格尔还是陷入到了一种朴素的客观主义立场中去了。因为在真实的"意识"经验中，对"自我"的意识始终无法脱离他人（社会）的"目光"而存在，而只能在"他人意识"以及将"他人意识"和"自我意识"加以综合后形成的"社会意识"的背景下，才能得到显现。

萨特细致地分析了黑格尔《精神现象学》中的"自我意识"和"他人意识"相互生成的辩证结构："别人首先显现为无本质的……显现为一个沉浸在生命存在中的意识。"也就是说，所有自我意识，所有的"我"，最初都是把"他人"纯粹抽象地（仅仅）当作一个"生命"看待的，这个有生命的人也有他（她）的自我意识，也是一个完全的自为意识。然而，在导致"社会"起源的生存斗争中，"为了在确是应付危险的活动中实现对生命和意识的分析式的分离，只需我或别人去拿我们的生命冒险就足够了"[②]，只有拿"生命"去冒险的经验，即面对"死亡"的经验才能使我们理解"自我意识"的以及它和

[①] ［法］萨特：《存在与虚无》，陈宣良等译，北京：生活·读书·新知三联书店1997年第2版，第313页。
[②] ［法］萨特：《存在与虚无》，陈宣良等译，北京：生活·读书·新知三联书店1997年第2版，第314页。

"他人意识"的关系的本质:所有自我意识都"必定要把它们自身的确信、它们是自为存在的确信,不论对对方或对它们自己,都要提高到客观真理的地位。"[①]历史发展的本源动力就是"自我意识"的"生死斗争",真理是由胜利者书写的。但胜利者的胜利,并不在于他的抽象的主观意志和目的,而恰恰在于他在这场生死斗争中,也只有在这种生死斗争中,"自我意识"才能超越"生命",获得一种所有(无论胜利还是失败)的"自我意识"共同具有的客观普遍的"精神"意义:"只有经过这样的考验才可以证明:自我意识的本质不是一般的**存在**,不是像最初出现那样的**直接的**形式,不是沉陷在广泛的生命之中,反之自我意识毋宁说只是一个纯粹的**自为存在**,对于它没有什么东西不是行将消失的环节。"[②]

这也就是为什么"自我意识"和"他人意识"的关系必然异化为"主奴关系":因为"我"和"他人"在本质上是相互威胁对方"生命"的存在,所以要么"我"征服(统治)"他人",将他人完全"对象化"为"物"的存在,要么"他人"统治"我",把我物化;但"我"(自我意识)是不可能完全物化的;"我"可以把"他人"理解成"物",但我不可能透过他

[①] [德] 黑格尔:《精神现象学》上卷,贺麟、王玖兴译,上海:上海世纪出版集团 2013 年版,第 184 页。
[②] [德] 黑格尔:《精神现象学》上卷,贺麟、王玖兴译,上海:上海世纪出版集团 2013 年版,第 184 页。

人意识把"我自己"理解为"物"——但在这种透过他人意识把自己理解为"物"的努力过程中("奴隶"意识),我却比仅仅把"他人"理解为物("主人"意识)更加全面、真实地看到了"自我意识"的整个辩证结构——它不再是一种抽象地把"世界"作为对象加以消灭和享用的"欲望"("主人"式的"独立的自我意识"),而是被主奴辩证法所渗透的一个充满社会性和历史性的丰富而真实的自我意识了:"这样,奴隶把握了主人的自我意识,他是主人的真理。"①

正是在这样一个"历史过程"之中,"自我意识"建立起了真正的(并非抽象的自我同一的)普遍的、对象化的"真理性"。我必须承认他人的"自我意识"具有和"我"完全一样的地位,否则"我"体验到的一切,我的一切所谓真实的"意识经验"都是无意义的,无法成为可以讲述的具有客观意义的"知识"或"真理"。"我"无法以经验到自己的"自为存在"的那种方式去经验到"他人"的自为存在,所以我要理解"自我",要建立起"自我意识",就只能"确信"他人以和我一样的方式体验着各自的"自我",也就是建立起一个对象化的"自我意识"并在其上建立起"真理"的概念。在这里,真理的本质就成了"对立的自我意识"的"共同承认":"每一方虽说确

---

① [法] 萨特:《存在与虚无》,陈宣良等译,北京:生活·读书·新知三联书店 1997年第2版,第314页。

信它自己的存在,但不确信对方的存在,因而它对自己的确信也就没有真理性了。因为它的真理性将会仅仅是这样,即它自己特有的自为存在将会被表明对它是一个独立的对象,或者同样的意思,对象将会被表明为它自身的这种纯粹确信。"① 这样一来,"自我意识"的本质就成了一种"独立(主人)和依赖(奴隶)"的矛盾着的辩证结构。

2

"主人是**自为**存在着的意识,……这个意识是通过**另一个**意识而与自己相结合,亦即通过这样一个意识,其本质即在于隶属于一个独立的**存在**,或者说,它的本质即属于一般的物。"② "主人"和"奴隶"代表了"自我意识的独立与依赖",也就是说"自我意识"具有这样一种基本的"辩证结构":主人－奴隶－物化。主人的本质在于奴隶的"承认",而奴隶的本质恰恰是一个非独立的、非自为的"依赖"性的自我意识,所以根本没有资格作出"承认",因而无法实现主人要求它的功能;奴隶只有在改造物(物化)的过程中通过一个社会历史的过程才逐渐建立起自己独立自为的"自我意识",在这个社

---

① [德]黑格尔:《精神现象学》上卷,贺麟、王玖兴译,上海:上海世纪出版集团2013年版,第184页。
② [德]黑格尔:《精神现象学》上卷,贺麟、王玖兴译,上海:上海世纪出版集团2013年版,第186页。

会历史性的物化过程（劳动）中，奴隶却不仅建立起自己独立的自我意识，而且建立起了自己的"独立存在"，或者说，奴隶的"自我意识"，只能在他改造物的社会历史过程的限度内发展，并且"物化"（而不是意识性、精神性的"承认"）是其本质，这样一来，经过"物化"这个中介，"主人和奴隶"的地位，就辩证地反转了，因为主人有"欲望"，要"享用"奴隶的劳动成果（物），他对奴隶的依赖性反而超过了奴隶对他的依赖性："主人**通过奴隶间接地与物**发生关系。奴隶作为一般的自我意识也对物发生否定的关系，并且能够扬弃物。但是对于奴隶来说，物也是独立的，因此通过他的否定作用他不能一下子就把物消灭掉，这就是说，他只能对物予以**加工改造**。反之，通过这种中介，主人对物的直接关系，就**成为**对物的纯粹否定，换言之，主人就**享受**了物。"但这个"享受"已经不是抽象的自然物所提供的对"欲望一般"或"单纯的欲望"的满足，这时主人"享受"的是奴隶的"劳动产品"，这是他对"物"和奴隶自我意识的"承认"的双重征服和"占有"。主人把奴隶视为"物（化）"，而主人"自身确信的真理性"正建立在奴隶物化的基础上，主人能在多大程度上将奴隶物化，他就能在多大程度上"享受"自己作为"主人"的本质；但与此同时，主人的"真理"，也就是他要求于奴隶的精神上的"承认"反而成了"非主要的意识"（奴隶）和"非主要的意识之非主要的行动"。因为对于奴隶来说，承认不承认主人对他来说是

"非主要行动",对他的自我意识的自为存在毫无影响,他的独立自为的自我意识在于改造"物",与主人无关;而主人的独立却不能离开奴隶的"承认",否则他就不是主人了。"照这样看来,独立的意识的真理乃是**奴隶的**意识。"①

如果按照黑格尔主奴辩证法的分析,则作为统治阶级的资产阶级的"自我意识"表现为"主人意识",对它来说,"他人"(奴隶)和社会(劳动)都只是"统治对象",所以资产阶级统治下的社会关系的本质只不过是物化的"欲望",资本主义社会本质上是一个"欲望社会",而欲望是没有"历史"的;所以,资产阶级与历史具有一种内在的、不可调和的矛盾:"资产阶级思想由于它的出发点和目标始终是(虽然并不总是有意识地)为事物的现存秩序作辩护或至少是为这一秩序的不变性作证明,就必然要遇到一个不可逾越的界限。"②——那就是历史:"因此,历史是作为任务,但是作为不可完成的任务交给资产阶级思想来解决的。"③按卢卡奇分析,资产阶级思想对待"历史"有两种态度,第一种态度是把历史按照自然科学的标准加以科学化处理,"完全摒弃历史过程,并把现存的组织形

---

① 参见[德]黑格尔:《精神现象学》上卷,贺麟、王玖兴译,上海:上海世纪出版集团 2013 年版,第 186—188 页,"主人与奴隶"之"统治"。
② [匈]卢卡奇:《历史与阶级意识》,杜章智等译,北京:商务印书馆 1999 年版,第 104—105 页。
③ [匈]卢卡奇:《历史与阶级意识》,杜章智等译,北京:商务印书馆 1999 年版,第 105 页。

式看作永恒的自然规律"①。例如以亚当·斯密和大卫·李嘉图为代表的英国古典政治经济学和黑格尔的《法哲学原理》，就是把"经济制度""伦理""国家"这些人类生活的"现存的组织形式看作永恒的自然规律"，而不是从人类历史上具体的社会经验中去寻求对它们的"起源"的解释。第二种态度则是"把一切有意义、有目标的东西从历史过程中排除出去；人们就不得不停留在历史时期的及其社会的和人的载体的纯粹'个别性'上；历史科学就像兰克那样必然要坚持每个历史时期都'同样接近上帝'的说法，也就是说都达到了同样完善的程度，因此，历史的发展——出于相反的原因——就都不复存在了。"②其实这两种对历史的态度本质上是一样的，就是通过取消"发展"的辩证法观点，消灭历史的社会发展的价值，拒绝对"当前时代"（现在）做一种总体化的历史理解，不允许人们（尤其是"无产阶级"）形成对于"未来"和历史发展方向的明确认识，从而完成对被统治阶级的个体化和碎片化处理——碎片化的历史观背后，正是资本主义社会中越来越孤独的个人生活命运。

---

① ［匈］卢卡奇：《历史与阶级意识》，杜章智等译，北京：商务印书馆1999年版，第105页。
② ［匈］卢卡奇：《历史与阶级意识》，杜章智等译，北京：商务印书馆1999年版，第105页。

二、"劳动"历史观

1

"劳动陶冶事物。……但是对于事物的陶冶不仅具有肯定的意义,使服役的意识通过这种过程成为事实上**存在着**的纯粹的**自为存在**,而且对于它的前一个环节,恐惧,也有着否定的意义。"①"奴隶–劳动者"在劳动过程("历史")中,逐步通过对"外部世界的改造",建立起自己的"自为存在",而且他的自为存在,也只存在于这个改造过程中,因而只能是历史的。对于奴隶来说,"历史"是这样的:主人通过"战争"确立起的政治秩序"在现实生活中震撼人的整个身心"②,然而这种对于"统治"的"恐惧"却构成了"劳动"的历史开端,黑格尔甚至认为,如果不为这种绝对的"恐惧"意识所渗透,奴隶的"劳动"就不具有普遍的精神意义;"如果没有最初的绝对的恐惧,意识就要陶冶事物,那么它只能是主观的、虚妄的偏见与任性","奴隶–劳动者"不可能有选择自己劳动形式的自由,也不可能自己单方面决定自己劳动的意义和价值,因为

---

① [德]黑格尔:《精神现象学》上卷,贺麟、王玖兴译,北京:商务印书馆1979年第2版,第130—131页。
② [德]黑格尔:《精神现象学》上卷,贺麟、王玖兴译,北京:商务印书馆1979年第2版,第131页。

"劳动"这一过程的历史意义始终只是在奴隶和主人的"统治"关系中形成的，劳动的"客观"意义在于"主人"的"承认"，而不在于对"物"的改造。"如果意识没有忍受过绝对的恐惧，而只是稍微感到一些紧张或惊惶，那么否定的存在对于它还是一个外在的东西，它的整个灵魂还没有彻底受到对方的感染或震撼。……对于这种意识，纯粹形式不可能成为它的本质，特别是就这种纯粹形式之被认作弥漫于一切个体的普遍的陶冶事物的力量和绝对的概念而言，不可能成为它的本质；反之这种意识毋宁说是一种小聪明，这种小聪明只对于某一些事象有一定的应付能力，但对于那普遍的力量和那整个客观的现实却不能掌握。"[1]

"劳动"不是一个单纯的经济学问题，也不是一个可以用抽象的数量关系来精确描述的现象，劳动的本质，只能从人试图建立自己的"存在"的复杂历史过程中，才能得到正确的理解，就如同法国哲学家鲍德里亚把劳动理解为（战败者、奴隶）"对死亡的赎买"：

"数量等价关系的可能性本身就已经先设了死亡。工资和劳动力的等价关系先设了工人的死亡，各种商品之间的等价

---

[1] ［德］黑格尔：《精神现象学》上卷，贺麟、王玖兴译，北京：商务印书馆1979年第2版，第131—132页。

关系先设了物体的象征毁灭。"①"劳动是一种缓慢的死亡。人们一般在身体不断衰弱的意义上理解这句话。但应该有另一种理解：劳动并非作为一种死亡与'生命的现实'相对立——这是唯心主义的观点——劳动是**作为一种缓慢的死亡与暴死相对立**。这就是象征现实。……必须坚持认为，劳动唯一的替代物不是闲暇，不是非劳动，而是牺牲。"②

黑格尔是在对"自我意识"，尤其是在其中对"欲望"的分析之后引入对"主奴辩证法"的讨论的。波德里亚在此也和黑格尔一样，不是把政治经济学建立在"欲望"的基础上，而是把它建立在对死亡的"恐惧"的基础上，但这也并不是要绕过作为"欲望"的"自我意识"，在"劳动"和"死亡"之间建立直接联系，而是要在"死亡"和"恐惧"、"欲望"和"满足"、"劳动"和"消费"之间的"真实"的"历史辩证法"的基础上来建立政治经济学。

2

柯耶夫是这样理解"劳动历史观"在《精神现象学》中的起源的：最初，奴隶只是在主人的支配下进行劳动，他所做的

---

① ［法］波德里亚：《象征交换与死亡》，车槿山译，南京：译林出版社2006年版，第58页。
② ［法］波德里亚：《象征交换与死亡》，车槿山译，南京：译林出版社2006年版，第58页。

一切的意义只是去完成主人的命令，都是为主人而做的。他是因为惧怕死亡才去劳动的，他劳动创造出来的东西对他本身是没有什么意义的，他也不会把这个东西理解为自己创造出来的。他通过劳动，改造自然，不是为了物质享受，而是出于对"主人"的恐惧，"在这种恐惧中意识**自身**还没有意识到它的**自为存在**。然而通过劳动奴隶的意识却回到了自身。"[1] 在劳动中，一方面，奴隶学会了节制自己的欲望，因为他不能享用自己的劳动创造物；另一方面，奴隶意识到了自己的能力和自由，他可以按照自己的意志来塑造、改变外部世界。这样一来，主人和奴隶的地位就随着劳动的展开而慢慢颠倒过来：主人要依赖于奴隶的承认，才能生存下去，因为奴隶的劳动养活了他；而奴隶对主人的依赖，只是心灵和情感上的，只要奴隶意识到，他可以为自己而劳动，只要他敢于冒险挣脱主人的锁链，他对主人就没有什么实质性的依赖。奴隶相对于主人，"还有一个优势"，就在于他是"为他人服务的"，"为他人劳动就要求他按照与满足他**自己的**需要的**本能**相反的方式行事。并没有**本能**迫使奴隶去为主人劳动。如果他这么做，是出于对主人的**恐惧**。"[2]

---

[1] ［德］黑格尔:《精神现象学》上卷，贺麟、王玖兴译，北京：商务印书馆 1979 年第 2 版，第 130 页。

[2] Alexandre Kojeve, *Introduction to the Reading of Hegel*, Translated by James H. Nichols, Ithaca and London: Cornell University Press, 1980, p.48.

如果说《主人与奴隶》中存在着一种"劳动历史观",那么很显然,这种历史观具有一个完整的结构,是在"主人－奴隶－自然"之间的复杂辩证关系中展开的:"历史"意味着奴隶生存的劳动(恐惧)化和主人生存的欲望化,或者说,历史在本质上就是这两者之间的辩证关系,奴隶生存劳动(恐惧)化的历史发展程度就是主人生存欲望化的历史发展程度。在"历史"中,"劳动"首先是一种人与人(主人与奴隶)的关系,其次才表现为一种人与物(奴隶改造自然)的关系。从这个意义上说,"历史"既不存在于"主人"的欲望,以及将这种欲望永恒化的形而上学政治观念中,也不存在于奴隶改造自然的劳动中,而只存在于主人的欲望和政治观念与奴隶的劳动的博弈过程中。

伦理和政治的历史基础,只能建立在对"死亡意识"的恐惧(奴隶)或征服(主人)上,而不可能建立在"欲望"的满足的基础上。[1]"这样,在这里的黑格尔的观念是,奴隶通过劳

---

[1] 美国学者吉莱斯庇认为:在和平年代,作为战胜国的民族的精神必然逐渐堕落不振,肉体上的享乐主义和政治上的腐败将不可避免,整个社会生活将不可避免地"资产阶级化"。这不是一个政治制度的问题,而是一个关于人的本性的哲学问题。因为只有战争能使一个民族保持住一种不怕死、敢于冒险、积极进取的"主人精神",而在和平中享受得太久,就会只想着保持和扩大肉体的享乐,追求个人和家庭的"财产",从而忘记了"死亡"还在威胁着自己的整个生命,它随时可以使这一切变得毫无意义。参见[美]吉莱斯庇:《死亡与欲望:黑格尔思想中的战争与资产阶级化》,尚新建译,载刘小枫、陈少明主编:《血气与政治》,北京:华夏出版社 2007 年版,第 80—100 页。

动变成了普遍意识。对死亡的恐惧和劳动惩罚都是必要的。单单对死亡的恐惧纵使能够使奴隶从特殊中超拔出来，却无法使奴隶确立起肯定的普遍的意识的实体。"①

奴隶的"自我意识"是在对死亡的恐惧中开始的，而不是在"欲望"中开始的，如果没有死亡意识，奴隶就不可能有对于自我的存在和意义的任何思索。然而对死亡的"恐惧"可以成为奴隶自我意识的开端，却不能成就这种自我意识的发展，因为"死亡，如果我们愿意这样称呼那种非现实的话，它是最可怕的东西，而要保持住死亡了的东西，则需要极大的力量"②。奴隶的自我意识要真正在历史中展开，只能通过"劳动"，"奴隶通过劳动而把他自身作为自由的思想来把握。他在改造事物的力量中认识到了思想的力量，认识到了按照概念的力量塑造事物的力量，从而认识到了按照普遍模型铸造事物的力量。"③ "还是由于劳动，奴隶可以变成自己所不是的，也就是说，他最终可以不再是奴隶。劳动就是**塑造**，在这个词双重的意义上：一方面，通过将世界变得更加适应于人类，它形成、改造了世界，使之人化；另一方面，它形成、改造、塑造人，

---

① [加]查尔斯·泰勒:《黑格尔》,张国清、朱进东译,南京:译林出版社2002年版,第240页。
② [德]黑格尔:《精神现象学》上卷,贺麟、王玖兴译,北京：商务印书馆1979年第2版,第21页。
③ [加]查尔斯·泰勒:《黑格尔》,张国清、朱进东译,南京:译林出版社2002年版,第240页。

通过使他越来越接近自己关于自身的观念——这个观念最初只是一个抽象的观念,也就是理想——来使得他人化。"[1]

三、马克思资本主义批判视野中的"世界历史"问题

在《精神现象学》中,黑格尔基于康德的批判哲学建立起来的理性的"自我意识"和"自由意识",以"现代意识"为主体,辩证地构造了一种"历史经验",并在此基础上形成了他的整个哲学体系的"历史感",把"历史"叙述为一个时间上连续发展的结构,并以此将发源于近代欧洲的启蒙思想世界化、历史化、"世界潮流"化了。

哲学意义上的历史叙述问题是从黑格尔,尤其是从他的《精神现象学》开始形成的。黑格尔的《精神现象学》展示的是"意识经验"发展的历史过程,是历史得以展开、"历史经验"得以生成的辩证法,是历史中永恒的哲学主题。逻辑与历史相一致的方法,在这部书中已经显露出较为清晰的轮廓。但黑格尔对"精神现象学"的定位是"意识经验的科学",也就是通过描述"意识经验"的普遍"历史",来为终极的科学概念体系《逻辑学》做准备。但"意识经验"并不是在"意识"

---

[1] Alexandre Kojeve, *Introduction to the Reading of Hegel*, Translated by James H. Nichols, Ithaca and London: Cornell University Press, 1980, p.52.

和"自我意识"的简单（唯心主义）辩证法中形成的，而是在复杂的社会话语中形成的。"意识经验"的本质不是"自我意识"，甚至也不是"自然科学"意义上的"真理"，而是"社会意识"，而"社会意识"恰恰是在和"社会存在"的辩证历史运动中形成的。

在"社会存在"和"社会意识"的辩证关系中思考"世界历史"的形成过程及本质，是马克思历史唯物主义理论思考的一个重要出发点——黑格尔以辩证法批评康德的理性批判，然而这种批评只有在把辩证法作为一种方法充分经验化和历史化的情况下才能完成。

1

康德在《纯粹理性批判》中建立起来的主体–客体认识论模式的"经验"，主要依赖于近代自然科学尤其是数学和物理学的方法，而黑格尔–马克思的历史方法则是一种用"社会话语"去挖掘历史中的"真理"的方法。

资本主义"工业化"，以及随着资本主义工业化实践的逻辑而展开的"实验自然科学"，是不足以充当"历史发展"的"主体"甚至在一个时代中分析历史发展的"图式"的，也是不足以支撑起具有《精神现象学》意义上的系统性科学精神的历史叙述的，按照卢卡奇的观点，"工业化"以及随之兴起的"自然科学"甚至不应该被包含在具有历史能动性的"实践"

范围之内：

"工业——只要它是制定了目标的——在根本的意义上，在辩证的和历史的意义上，仅仅是社会的自然规律的客体，而不是其主体。"[1]"因此，'工业'即资本家作为经济、技术进步的化身不是主动的，而是被动的，他的'主动性'仅仅在于正确地观察和估计社会的自然规律的客观作用。"[2]

"工业"在历史上的兴起是由资本家主导的，"工业"在历史上的主体地位是虚构的，因为"工业"本身并不能独立充当推动历史发展的动力，它只是为了实现资本家的利益而作为一种历史现象出现的，工业化并不必然意味着"历史发展"，工业化只是西方的特定时代的历史发展的伴生物。正如康德的认识论框架，在实质内容上的展开必然依附于对18世纪数学－物理学方法的"无限发展"的"想象"一样，现代自然科学的"学科"，也依附于对"工业化"的"无限发展"的"想象"而展开。

"资产阶级"和"资本主义（工业化）"是马克思用来分析"世界历史发展规律"时所使用的概念，它只能在这个世界历史规律系统内才能显示出它的真正意义，而不能作一种抽象的、

---

[1]〔匈〕卢卡奇：《历史与阶级意识》，杜章智等译，北京：商务印书馆1999年版，第213页。
[2]〔匈〕卢卡奇：《历史与阶级意识》，杜章智等译，北京：商务印书馆1999年版，第214页。

非辩证、非历史的理解。马克思在许多作品中都分析了"资产阶级"在"历史"中所发挥的作用——不仅仅是在经济、政治、思想文化等各个分散的侧面,而是"资产阶级"和"资本主义社会"所包含的内部矛盾运动形成了马克思的"当前时代"中的"历史"形成和发展的"根本动力"与"总体化"的原点。要从整体上去认识和把握这个时代,就只能从对"资本主义"的总体分析开始,"展开"到资本主义社会的各个侧面,而不可能单独形成对资本主义社会的某一方面(如经济、或文化)的正确的历史认识,马克思在《共产党宣言》中就以一种简洁有力的叙述方式展示了"资本主义"产生和发展的过程,并在此基础上概括了"资产阶级"的历史本质:

"资产阶级在历史上曾经起过非常革命的作用。"[①]

"资产阶级在它已经取得了统治的地方把一切封建的、宗法的和田园诗般的关系都破坏了。它无情地斩断了把人们束缚于天然尊长的形形色色的封建羁绊,它使人和人之间除了赤裸裸的利害关系,除了冷酷无情的'现金交易',就再也没有任何别的关系了。它把宗教虔诚、骑士热忱、小市民伤感这些情感的神圣发作,淹没在利己主义打算的冰水之中。它把人的尊严变成了交换价值,用一种没有良心的贸易自由代替了无数特

[①] 马克思、恩格斯:《共产党宣言》,《马克思恩格斯选集》第1卷,北京:人民出版社2012年版,第402页。

许的和自力挣得的自由。总而言之，它用公开的、无耻的、直接的、露骨的剥削代替了由宗教和政治幻想掩盖着的剥削。"①

马克思通过历史的总体性描述分析出这个历史过程的本质，即用一种公开透明的新的资本主义国家体系的剥削代替封建主义掩盖在自然的纯朴情感下的剥削，在哲学层次上，也就是用科学的理性主义（"公开"）代替宗教的神秘主义（"宗教和政治幻想"）。在这个历史过程中，变换的只是剥削和统治的方式，而历史的深层基底和本质（剥削和统治）本身并未发生变化。

2

马克思在分析法国大革命中雅各宾派失败的原因时说："罗伯斯庇尔、圣茹斯特和他们的党之所以灭亡，是因为他们混淆了以**真正的奴隶制**为基础的古代**实在论民主共和国**和以**被解放了的奴隶制即资产阶级社会**为基础的**现代唯灵论民主代议制国家**。一方面，不得不以**人权的形式**承认和批准现代资产阶级社会，即工业的、笼罩着普遍竞争的、以自由追求个人利益为目的的、无政府的、塞满了自我异化的自然的和精神的个性的社会，另一方面又想在事后通过单个的人来取缔这个社会的

---

① 马克思、恩格斯：《共产党宣言》，《马克思恩格斯选集》第1卷，北京：人民出版社2012年版，第402—403页。

各种**生命表现**,同时还想仿照古代的形式来建立这个社会的**政府头脑**。"① 资本主义社会一方面把"自由"和"民主"的基础建立在"个体"的基础上,仿佛"个体"一经解放,就永久性地成为了具有绝对理性的独立思想和实践"自由"的"社会原子";另一方面又通过现代资本主义意识形态的笼罩性宣传来掩盖这样一个事实:所谓"个体",实际上只是资产阶级在对抗封建主义的"革命"时期塑造出来的一个哲学概念,它只在"资产阶级在历史上曾经起过非常革命的作用"②的"时代"才显示出它真实的历史意义,而到了"现代唯灵论民主代议制国家"中,"个体"观念实际上已经成为异化的资本主义社会关系中形成、并经资本主义意识形态机器精心打磨出的一个零件,已经是一个抽象的、(黑格尔《精神现象学》意义上的)"欲望"化、心理化的概念,不再具有它在历史上升期所具有的那种真正的精神力量和历史穿透力了。资本主义意识形态所塑造出的"个体"观念,其功能就是对无产阶级的分化、瓦解和"区隔",使"个体"无法意识到"阶级"的共同历史命运,而只对"命运"和"历史"作个体化和偶然化的理解:"不管他的社会地位如何,都完整地拥有人性。这么一来,种种不平等现象都好

---

① 马克思、恩格斯:《神圣家族》,《马克思恩格斯全集》第2卷,北京:人民出版社1957年版,第156页。
② 马克思、恩格斯:《共产党宣言》,《马克思恩格斯选集》第1卷,北京:人民出版社2012年版,第402页。

像是意外的、短暂的事故,无损于社会原子的永恒属性。"①在这样的资本主义时代中,对历史具有"书写"职能的"作家",就会被"看成一种专家;假如作家竟然会思考社会秩序,他就会使资产阶级感到厌烦,产生恐惧,因为资产阶级要求于作家的只是让他们分享作家对于人的内心世界的实际经验。这样一来,文学就与在17世纪一样,还原成心理学了"②。

马克思曾经借助对巴尔扎克小说《农民》的评论,分析过资产者和无产者在彼此眼中的形象,以及在此基础上形成的资本主义"社会意识"的辩证特征:"在资本主义生产占统治地位的社会内,非资本主义的生产者也受资本主义观念的支配。以对现实关系具有深刻理解而著名的巴尔扎克,在他最后的一部小说《农民》里,切当地描写了一个小农为了保持住一个高利贷者对自己的厚待,如何情愿白白地替高利贷者干各种活,并且认为,他这样做,并没有向高利贷者献出什么东西,因为他自己的劳动不需要花费他自己的现金。这样一来,高利贷者却可以一箭双雕。他既节省了工资的现金支出,同时又使那个由于不在自有土地上劳动而日趋没落的农民,越来越深地陷入

---

① [法] 萨特:《什么是文学》,施康强译,见《萨特文学论文集》,合肥:安徽文艺出版社1998年版,第152页。
② [法] 萨特:《什么是文学》,施康强译,见《萨特文学论文集》,合肥:安徽文艺出版社1998年版,第152页。

高利贷的蜘蛛网中。"①"劳动力"只有在资产阶级眼中才具有"商品"属性,具有使用价值,能产生价值,所以,劳动力和工资本质上是由资产阶级定义的。从"无产阶级话语"的角度来说,重要的问题是,分析劳动者是如何被"卷入"这个"蜘蛛网"的,被卷入这个蜘蛛网如何构成了他不可避免的"命运",以及就个人而言,他在被卷入的过程中,究竟经历到了什么,体验到了什么。

"资产者否定社会阶级的存在,特别否定资产阶级的存在,人们正是根据这一点辨别资产者。"②所以在资产者眼中,也"没有无产阶级,即不存在每个工人都是其短暂形态的综合阶级;有的只是无产者,他们每个人都囿于自身的人性,不是由于内在的休戚与共的关系,而只是被相似性的外部联系结合在一起。资产者在被他的分析性宣传所迷惑和分离的个别人之间,只看到心理联系。这一点很好理解:由于资产者不是直接控制事物,由于他主要是对人做工作,对他来说唯一重要的是取悦于人或恐吓人;礼仪、纪律与礼貌支配着他的行为,他把他的同类看作木偶,他之所以想对他们的感情和性格有所了解,那

---

① 马克思:《资本论》,第3卷,见《马克思恩格斯论文学艺术(二)》,陆梅林辑注,北京:人民文学出版社1983年版,第129页。
② [法]萨特:《什么是文学》,施康强译,见《萨特文学论文集》,合肥:安徽文艺出版社1998年版,第151页。

是因为每种情欲对他来说都像操纵木偶的绳索。"①

犹如黑格尔《精神现象学》中的"主人","资产者"并不直接和"物"打交道,不直接从事改造自然和社会的"劳动"实践,而只是现有的不平等社会关系的寄生者,所以他的历史视野必然只见"人"不见物,且被局限于被各种"欲望"(黑格尔在《精神现象学》中对"欲望"的本质也做了详细分析)所充斥的"心理"层面,所以也就必然形成"唯心主义"的历史观。从历史角度看,资产阶级的"社会意识"必然具有一种与时代的社会劳动实践相脱节的抽象性,所以资产阶级的科学、艺术和哲学无论如何无法形成一种对新的"时代精神"的总体性表达;真正能体现新的时代精神的"作品",必然是从实际从事着改造自然和不平等的社会关系的"劳动者"的视角创作出来的,因为只有在这种历史视野中,才能形成一种对历史总体和历史运动规律与发展方向的"批判现实主义"的真正认识。资产阶级在历史中的存在是脆弱的、不稳定的,因为它只把"人"理解为一种心理性的存在,资产阶级只能通过影响人的"自我意识"来对时代和历史产生间接的影响。"资产阶级"只在无产阶级的眼中存在。

---

① [法]萨特:《什么是文学》,施康强译,见《萨特文学论文集》,合肥:安徽文艺出版社1998年版,第151—152页。

3

晚期黑格尔的"世界历史"叙述，都是"国家中心主义"的，都是以国家视角为主体的；而马克思的历史唯物主义认为这都不是真正的历史；真正的历史是"社会中心主义"的，马克思试图建立一种"社会中心"视角，在其中"国家"和"个人"都只是被生成出来的、只能发挥被动的作用，在这种历史中，"资产阶级"是一个自相矛盾的"双重"存在：一方面，它以"市民社会"的"代表"的身份在历史中面对旧的封建国家说话，甚至进行暴力"革命"，并最终摧毁了它；另一方面，资产阶级这种"社会化"的历史身份却在19世纪停滞甚至走向了它的反面——它成了"国家"的"代表"，以一种抽象的意识形态有意识地、系统地遮蔽了唯物主义的真实"社会"历史，以"封建社会"对待"资本主义"的"唯心主义"态度来对待历史。资产阶级以一种理想主义的个人权利观为基础形成了"社会共同体"，完成了资产阶级革命，然而当资产阶级夺得政治权力之后，政治理想主义迅速被经济现实主义所取代，革命的激情褪化为无节制的感官享乐欲望，"个人"则从理想的权利主体褪化为"劳动工具"：

"资产阶级国家的唯心主义遮蔽了市民社会唯物主义的完善过程，也就是说，遮蔽了其自我中心主义的实现过程。资产阶级革命的意义是双重的：它把市民社会从政治和一种具有普遍内涵的表象中解放了出来；同时又把在理想的独立性中建构起来的共同体工具化为'需要、劳动、私人利益和私人权利的世界',而所有这些构成了国家的自然基础。"①

马克思用"生产力""生产关系""经济基础""上层建筑"等概念来分析历史,是为了对抗(解构)黑格尔主义用"精神"或"理性"来抽象地笼罩一切历史话语,是为了通过对社会交往实践的分析,来建立一种不同于当时黑格尔主义的理性(逻辑)真理的"历史的真理",即"逻辑与历史相一致"。我们不能脱离马克思锻造和形成这些概念的具体方式、历史背景和写作策略,来简单、粗暴、抽象地使用这些概念,甚至认为这些概念已经代表了历史真理本身:

"这种考察方法不是没有前提的。它从现实的前提出发,它一刻也不离开这种前提。它的前提是人,但不是处在某种虚幻的离群索居和固定不变状态中的人,而是处在现实的、可以通过经验观察到的、在一定条件下进行的发展过程中的人。只要描绘出这个能动的生活过程,历史就不再像那些本身还是抽象的经验主义者所认为的那样,是一些僵死的事实的汇集,也不再像唯心主义者所认为的那样,是想象的主体的想象活动。"②

也就是说,"从现实的前提出发"的真实的"历史"恰恰

---

① [德]哈贝马斯:《现代性的哲学话语》,曹卫东译,南京:译林出版社2011年版,第71页,注释2。
② 马克思、恩格斯:《德意志意识形态》,《马克思恩格斯选集》第1卷,北京:人民出版社2012年版,第153页。

是在那些人们习惯于把历史解释（不如说是"遮蔽"）为一种"意识经验"的地方展开的："因此，道德、宗教、形而上学和其他意识形态，以及与它们相适应的意识形式便不再保留独立性的外观了。它们没有历史，没有发展，而发展着自己的物质生产和物质交往的人们，在改变自己的这个现实的同时也改变着自己的思维和思维的产物。"[1] 历史并不是历史人物想要创造历史的愿望、激情和计划的产物，而是人们"改变自己的这个现实"的"历史实践"的产物。在"改变现实"发生的地方，才产生了历史。

4

"黑格尔在某个地方说过，一切伟大的世界历史事变和人物，可以说都出现两次。他忘记补充一点：第一次是作为悲剧出现，第二次是作为笑剧出现。"[2]

马克思在《路易·波拿巴的雾月十八日》开头写下的这句话被人们无数次地加以引用，却很少有人从哲学上对它加以分析：为什么会出现两次，而第二次必然成为第一次的可笑翻版？因为人们总是试图"模仿"历史经验，或者说，总试图通

---

[1] 马克思、恩格斯:《德意志意识形态》,《马克思恩格斯选集》第1卷，北京：人民出版社2012年版，第152页。
[2] 马克思:《路易·波拿巴的雾月十八日》,《马克思恩格斯文集》第2卷，北京：人民出版社2009年版，第470页。

过召唤历史上的亡灵来达到自己在现实中的目的，而没有从哲学上意识到：被我们所认识到的"历史经验"，其形成的历史（实践）条件已经消失了。被召唤出的亡灵，在实践中无法发挥出它在历史中的那种功能，反而必然导致某些可笑的事情的发生。实际上马克思紧接着就对形成这种历史现象的原因做了更加著名的严谨的历史唯物主义解释：

"人们自己创造自己的历史，但是他们并不是随心所欲地创造，并不是在他们自己选定的条件下创造，而是在直接碰到的、既定的、从过去承继下来的条件下创造。一切已死的先辈们的传统，像梦魇一样纠缠着活人的头脑。当人们好像刚好在忙于改造自己和周围的事物并创造前所未闻的事物时，恰好在这种革命危机时代，他们战战兢兢地请出亡灵来为他们效劳，借用它们的名字、战斗口号和衣服，以便穿着这种久受崇敬的服装，用这种借来的语言，演出世界历史的新的一幕。"

马克思是用哲学（历史唯物主义）语言来叙述"历史进程"的，但这却不是一种抽象的语言，而是充满了各种隐喻和反讽的含义十分丰富的语言，但总体上说，都是对于"资本主义时代"的描绘，是对这个时代与以往一切时代不同的特征的刻画：

"19世纪的社会革命不能从过去，而只能从未来汲取自己的诗情。它在破除一切对过去的迷信以前，是不能开始实现自己的任务的。从前的革命需要回忆过去的世界历史事件，为的是向自己隐瞒自己的内容。19世纪的革命一定要让死人去埋葬他们的死人，为的是自己能弄清自己的内容。"①

为什么"19世纪的社会革命不能从过去，而只能从未来汲取自己的诗情"？因为资本主义已经真正把人类一去不复返地带入了一个崭新的时代，真正开启了人类历史的"新纪元"；而马克思的"资本主义"概念比其他任何概念（如"现代性""启蒙"或"后现代"）对这个时代特征的刻画都更加深刻和丰富，更能够稳定地反映时代的本质特征。在这个时代，面向未来的革命激情本质上是一种"诗情"，因为时代的根本性变革使得一切"历史经验"都失效了，人们没有任何历史依据去理性地认识自己时代中所发生的"历史事件"，过去时代的理论体系都只剩下僵死的遗骸；只有"创造性"的理论，才能解释这个时代所发生的事件的本质。

真正将"时代意识"完全落实为"历史现实性"的哲学家不是黑格尔，而是马克思，因为马克思要叙述的不是仅仅停留在主观认识领域的所谓"意识经验"，而是包括主体-客体的整个结构在内的完整的"历史经验"；马克思要理解的，不仅是这个新时代的"精神"，而是这个新时代的"总体"，这样也就必然要求把这个时代中人们对待"物"（"自然"）的真实历

---

① 马克思：《路易·波拿巴的雾月十八日》，《马克思恩格斯文集》第2卷，北京：人民出版社2009年版，第473页。

史方式——不是"认识",而是生产、实践——作为整个历史经验的一个有机组成部分纳入到叙述中来,并把"传统"辩证地理解为与之对立的抽象的、非历史性的主观意识形态(如宗教、伦理甚至"哲学"等):

"在青年黑格尔眼里,宗教正统派与启蒙运动已经如同衰落的德意志帝国的政治机构一样,脱离了民众的生活领域。对马克思来说,社会——'现代政治社会现实'——是基础,宗教生活、哲学和资本主义国家都已经作为抽象物从中分离了出来。"①

5

黑格尔在《精神现象学》和《法哲学原理》中认为,"精神"或"理性"是"世界历史"的"起源",并在此基础上建立起了关于世界历史总体的哲学论述;而马克思则认为,真正决定了现代意义上的"世界历史"的起源和结构的,是"资本主义":

"资产阶级,由于开拓了世界市场,使一切国家的生产和消费都成为世界性的了。使反动派大为惋惜的是,资产阶级挖掉了工业脚下的民族基础。古老的民族工业被消灭了,并且

---

① [德] 哈贝马斯:《现代性的哲学话语》,曹卫东译,南京:译林出版社 2011 年版,第 70 页。

每天都还在被消灭。……过去那种地方的和民族的自给自足和闭关自守状态,被各民族的各方面的互相往来和各方面的相互依赖所代替了。物质的生产是如此,精神的生产也是如此。各民族的精神产品成了公共的财产。民族的片面性和局限性日益成为不可能,于是由许多民族的和地方的文学形成了一种世界的文学。"① 在资本主义时代,通过"民族性"观念(例如"民族工业"或"民族文学")来抵抗资本主义的"世界历史"潮流只是一厢情愿的幻想,一切披着温情脉脉的"民族"外衣的伦理和文化现象在这个时代都被资本主义的世界性发展揭露为一种历史的假象:"它迫使一切民族——如果它们不想灭亡的话——采用资产阶级的生产方式;它迫使它们在自己那里推行所谓的文明,即变成资产者。一句话,它按照自己的面貌为自己创造出一个世界。"②

比如铁路和火车的出现就是资本主义生产关系的发展导致的"技术进步"震撼和动摇了人们的"时间(空间)经验"的一个生动例子。"铁路并未创造现代时间意识,可是,在整个19世纪,铁路的确成了现代意识震动大众的工具。火车成了推动一切生活关系快速进步的显著象征。不仅仅是知识精英感

---

① 马克思和恩格斯:《共产党宣言》,《马克思恩格斯选集》,第1卷,北京:人民出版社2012年版,第404页。
② 马克思和恩格斯:《共产党宣言》,《马克思恩格斯选集》,第1卷,北京:人民出版社2012年版,第404页。

受到了有着稳定界限的传统生活世界发生了动摇。"①哈贝马斯把马克思对于资本主义社会的历史批判融入了"现代化"的世界历史浪潮中，并且由此指明了一个对于理解马克思的"历史发展"观的"起源"来说必不可少的"历史事实"，那就是：德国是一个（资本主义）现代化浪潮中的"落后"国家，德国在"世界历史进程"中"落后"了，而这个"世界历史进程"，毫无疑问是以某种黑格尔式的总体历史叙述为前提的："在历史长河中，历史的指导意义可以先于一切哲学观察而在经验层面上得到明确：一旦生活关系的变动和革命获得了最大限度的增速，那么，现代化就获得了长足的进步。因此，对马克思而言，现代世界的中心在西方（在法国，特别是在英国），这是一个历史事实，马克思始终关注着这一点。……他认为，按照法国的时间计算，1843年德国的状况还不如1789年法国的状况。德国处于'历史水平之下'，其政治现实被认为是'现代国家历史当中一个布满灰尘的角落'。"②

哈贝马斯认为，马克思试图通过"对一种意志的形式结构进行解释"来实现黑格尔在《法哲学原理》308节中提出的对"作为个体的所有人都应共同参与涉及一般利益的政治事件的

---

① [德]哈贝马斯：《现代性的哲学话语》，曹卫东译，南京：译林出版社2011年版，第68页。
② [德]哈贝马斯：《现代性的哲学话语》，曹卫东译，南京：译林出版社2011年版，第69页。

决策"的批判的哲学意图:把仅仅用来满足物质需要的"市民社会""转变为一个政治社会或把政治社会转变为现实社会"①。然而哈贝马斯对马克思的解释思路的分析,显然受到哈氏自己以"交往行为"来解构近代哲学"主体-客体"之间的"认识-实践"的双重结构的整体致思策略的影响:

"黑格尔与马克思之间的相似性相当显著。在他们早年,二人都主张将相互合作的交往共同体中非强制性的意志结构用于调和分裂的市民社会。但后来,又都由于同样的原因而放弃了这一想法。和黑格尔一样,马克思也难以承受主体哲学概念的重压。"②

哈贝马斯十分重视马克思的"实践"概念,他不仅想超出西方马克思主义的传统,把现代西方哲学中具有"实践"倾向的哲学传统(如"实用主义"和分析哲学)纳入进来③,甚至想把马克思本人也拉入他这一学院气十足的计划:

"为了实现这一目的,马克思只需改变一下现代哲学的重心。现代哲学模式可以划分为两种同样具有始源性的主客体关系:认知主体形成有关客观世界中事物的意见,而且,这些意

---

① [德]哈贝马斯:《现代性的哲学话语》,曹卫东译,南京:译林出版社2011年版,第72页。
② [德]哈贝马斯:《现代性的哲学话语》,曹卫东译,南京:译林出版社2011年版,第72页。
③ [德]哈贝马斯:《现代性的哲学话语》,曹卫东译,南京:译林出版社2011年版,第72页,注释2。

见可能是正确的；行为主体做出的是以成效为取向的目的行为，以便在客观世界中生产出某种东西。……赋予认知以优先地位的反思哲学认为精神（根据自我关系模式所进行）的自我教化过程就是意识的过程。实践哲学强调的是行为主体与可以操纵的客体世界之间的关系，并把类（根据自我外在化的模式所进行）的自我教化过程看作是自我创造的过程。因此，在实践哲学看来，构成现代性原则的不是自我意识，而是劳动。"①

显然哈贝马斯还是在"主体－客体"的话语中来分析"实践"概念的，这样一来，他的思路最终不得不回到黑格尔哲学之中，因为马克思的实践哲学和历史唯物主义的"出发点"或者说"起源"，并不在这种康德－黑格尔式的"主体哲学"内部，马克思想要做的并不只是"改变一下现代哲学的中心"，把"主体－客体"的认识和实践关系颠倒一下，而是要"凸显"出以这种认识论方法对"历史经验"进行理解的抽象性、片面性、非整体性和非历史性。哈贝马斯未充分考虑到马克思历史唯物主义的总体出发点，并不仅仅是要颠覆近代西方学院哲学传统（康德－黑格尔传统）建立起来的"主体哲学"的认识论模式，而是要在不可还原的差异性"社会实践"中凸显出"历史经验"的非话语特征和抗拒理论重述的复杂性。

---

① ［德］哈贝马斯：《现代性的哲学话语》，曹卫东译，南京：译林出版社2011年版，第73页。

6

　　黑格尔仍然是一个隶属于"西方哲学"或者说"西方传统"的哲学家。"虽然他最先真正发现了'具体的总体'的意义,"但仍然禁锢在柏拉图和康德的观点中,仍然禁锢在思维和存在、形式和内容的两重性中。"[①] 黑格尔的"世界历史的哲学"只是一种(西方大学中的)学术思想,而马克思的社会历史观则是一种实际影响和推动了人类历史发展变化的"实践",是一种实践意义上的"世界历史的哲学",因为它在起源上就以"改造世界"为明确目标,而且是在改变世界历史的实践进程中充实和发展起来的。如果说黑格尔的"绝对精神"代表了一种"抽象总体",那么马克思将黑格尔哲学从一种"逻辑体系"转换为一种"历史体系"的方法就是在对具体历史问题的分析中,在可叙述的具体历史事件(如《路易·波拿巴的雾月十八日》)的辩证法中寻求可叙述的系统历史的极限,即"具体总体"。如果说黑格尔的"绝对精神"只是在《精神现象学》"完成"之后才意识到"历史精神"的创造性,只是对这种历史创造精神的事后追认和抽象总结,马克思的目标则是在"历史创造"的"过程"中去建立历史实践经验,逻辑的体系性并

[①] [匈]卢卡奇:《历史与阶级意识》,杜章智等译,北京:商务印书馆1999年版,第69页。

不是马克思的首要目标,他的目标是挖出和叙述出遮蔽在各种语言和文本的"历史假相"下的真实的历史经验,并通过构思,"一下子"系统地表达出历史的"真相"甚至"规律"。就像恩格斯在介绍《路易·波拿巴的雾月十八日》的方法时所说的:

"当时事变像晴天霹雳一样震惊了整个政治界,有的人出于道义的愤怒大声诅咒它,有的人把它看作是脱离革命险境的办法和对于革命误入迷途的惩罚,但是所有的人对它都只是感到惊异,而没有一个人理解它;紧接着这一事变之后,马克思立即写出一篇简练的讽刺作品,叙述了二月事变以来法国历史的全部进程的内在联系,揭示了12月2日的奇迹就是这种联系的自然和必然的结果,而他在这样做的时候对政变的主角除了给予其应得的蔑视以外,根本不需要采取别的态度。这幅图画描绘得如此高明,以致后来每一次新的揭露,都只是提供出新的证据,证明这幅图画是多么忠实地反映了实际。"①

"反映实际"是历史叙述的最高目标,但反映的方式却必须经得起历史的检验,所以反映必须是完整充分的,必须经过构思,表现出"历史事件"(或者说"历史奇迹")中包含的"全部进程的内在联系",以至于将来关于这一"事件"的其他叙述,都只可能充实和证明这一叙述,而不可能驳倒它。

---

① 恩格斯:《路易·波拿巴的雾月十八日·1885年第三版序言》,《马克思恩格斯文集》第2卷,北京:人民出版社2009年版,第468页。

——这样一种预言式的叙述可能吗？

当然是可能的，而且只有哲学式叙述可以做到，因为哲学是用一种宏观的规律性话语在描述个体性的历史事件，而未来的历史学和实证考古学即使能提供出新的证据和材料，也只能在经验性的历史细节层面进行"证伪"，而无法动摇宏观的哲学描述；更何况，未来历史学和考古学注视的方向，也会受到现在的哲学话语的影响。

7

科尔纽认为，从黑格尔那里继承下来并加以改造和发展的"辩证法"构成了马克思的"历史"概念乃至整个思想体系的方法论基础：

"马克思给予了黑格尔辩证法一个唯物主义的基础，来代替它原本的唯心主义铸造。这使得他超越了黑格尔式的唯心主义、机械唯物主义、乌托邦社会主义以及英国政治经济学的基本观念，并且将所有这些原素融合成了一个新的关于历史的辩证唯物主义的概念，而科学社会主义正建立在这个概念的基础上。"[1]

实际上，我们要理解一位伟大的思想家的"思想"，首先能够作为依据的，既不是我们这个时代对这位思想家已经形

---

[1] Auguste Cornu, *The origins of Marxian thought*, Illinois: Charles.C.Thomas Publishers, 1957, pV.

成的既有评价和结论,甚至也不是这位思想家在不同情况和场合下为了不同的实践和理论目标而写作的"文本",而是这个思想家所处时代的历史实践向他提出的那些亟待解决的理论问题。"如果我们对黑格尔和马克思的比较将马克思的思想带出了历史,我们就不能够理解它。我们必须把它放置到它在现代思想的巨大运动的实际位置中去,才能显示出马克思是如何承担起了解决那些已经被提出的问题的任务。"①

按照科尔纽的观点,马克思对现代(资本主义)社会的批判,是随着现代(资本主义)社会本身的发展逐渐形成的,或者说,新的时代性的历史实践的发展,是马克思文本中"关于历史的辩证法"的观念发展的真正依据,所以我们才看到马克思文本中经常出现自我反思和自我批评,甚至明确指出某一论述"已经过时"的内容。从方法上说,如果我们要研究马克思对黑格尔辩证法的"继承与发展"关系,就不能从两人文本中关于同一概念(如"劳动"概念,或"历史"概念)的论述的比较出发,去进行"概念史"的分析,因为这样恰恰遗漏掉了这种"思想发展"的"真实历史内容"。只有我们抓住马克思时代的历史实践面对的"新问题",并展示出马克思用"关于历史的辩证法"来解决这个新问题的过程中所作的理论尝试的

---

① Auguste Cornu, *The origins of Marxian thought*, Illinois: Charles.C.Thomas Publishers, 1957, pV.

艰难性、复杂性、曲折性和全部历史丰富性，并将这个过程表述为一个经得起历史检验的"生成结构"的时候，我们才算是把握住了这种"思想发展"的实质。

不过，哲学话语对于历史叙述来说，从来都是过于稀薄，是不够用的，只能靠想象力来弥补和充实。而马克思历史唯物主义的方法则不仅可以作为一种历史哲学话语存在，也可以作为历史学中一种具体的研究和叙述方法存在，这种方法可以从一个时代的历史学的叙述实践中汲取新的思想营养，来促进一个时代的哲学对世界历史的宏观思考，在我们这个时代，它甚至可以说是这两者之间唯一切实可行的桥梁。哲学的"时代精神"并不独立于时代的历史话语之外。哲学反映出时代的总体精神，但不是以一种与历史真实相悖的方式，而是恰恰相反，通过对未经反思的朴素历史信念的揭露——把这种历史表象理解为特定时代中的特殊的社会实践和语言规则的产物："每一种哲学自身也是一座符号建筑，它因此在与构成了历史和社会生活的其他交换样式的严格关系中被构成。哲学完全是历史的，它从来都没有独立于历史话语之外。但是它大体上用一种有意识的象征替代了生活的缄默的象征，用明显的意义替代了潜在的意义。"[1]

---

[1] [法]梅洛-庞蒂：《哲学赞辞》，杨大春译，北京：商务印书馆2000年版，第36页。

8

马克思说，如果人类只有一种科学，那就是历史学。马克思对于历史研究和历史叙述的科学方法的探求的核心就在于，在黑格尔用一种总体性的"意识经验"和"时代精神"（如"理性""世界精神"等）去笼罩（海德格尔称为"遮蔽"）一个"时间（时代）"的地方，去系统地揭示使这种"意识经验"形成的不以"想象主体的想象活动"为转移的"现实"或"客观条件"——而这些条件的"整体"，是处于这个"时间（时代）"中从事着历史实践的具体的个人所看不到的：处于一个时代之中的人，是无法对自己时代的"现实"，以及自己所进行的"改变现实"的"历史实践"作出科学的、系统的解释的，这就是"历史"和"现实"的辩证法。

马克思1872年在反驳一位批评者对《资本论》第一卷的"方法"的批评时谈到了"我的辩证方法"，从中我们不仅可以看到马克思本人对"辩证法"及其与"历史"的关系的清晰描述，也能体会到他对"先验"哲学和黑格尔辩证法的"辩证的"态度：

"当然，在形式上，叙述方法必须与研究方法不同。研究必须充分地占有材料，分析它的各种发展形式，探寻这些形式的内在联系。只有这项工作完成以后，现实的运动才能适当地叙述出来。这点一旦做到，材料的生命一旦在观念上反映出来，呈现在我们面前的就好像是一个先验的结构了。"

"我的辩证方法,从根本上说,不仅和黑格尔的辩证方法不同,而且和它截然相反。在黑格尔看来,思维过程,甚至被它在观念这一名称下转化为独立主体的思维过程,是现实事物的创造主,而现实事物只是思维过程的外部表现。我的看法则相反,观念的东西不外是移入人的头脑并在人的头脑中改造过的物质的东西而已。"[①]

马克思认为,"叙述方法"不同于"研究方法",因为研究的本质是"占有材料",而材料本身因其固有的历史特征而具有散漫性和偶然性,对于"系统的(辩证的)"叙述来说必定是"不充分的",此时"叙述"的"真实性"恰恰建立在"历史性"(即分析历史材料的"各种发展形式"的充分性),而不是系统的逻辑完整性(先验性)的基础上。

马克思的辩证法是不能脱离充实的历史内容,纯粹抽象地以逻辑命题的形式形成一个"体系"的,它在本质上只能是一个"逻辑与历史相一致"的体系,从这个意义上说,辩证唯物主义是且只能是"历史唯物主义",对"资本主义社会"的"批判"是马克思分析"历史运动"的一次最系统,同时最具历史充实性的"辩证法"的方法展示:

"辩证法,在其神秘形式上,成了德国的时髦东西,因为

[①] 马克思:《资本论·1872年第二版跋》,《马克思恩格斯选集》第2卷,北京:人民出版社2012年9月版,第93页。

它似乎使现存事物显得光彩。辩证法，在其合理形态上，引起资产阶级及其空论主义的代言人的恼怒和恐怖，因为辩证法在对现存事物的肯定理解中同时包含对现存事物的否定理解，即对现存事物的必然灭亡的理解；辩证法对每一种既成的形式都是从不断的运动中，因而也是从它的暂时性方面去理解；辩证法不崇拜任何东西，按其本质来说，它是批判的和革命的。"①

正是在这一点上，马克思"把黑格尔哲学中的历史倾向推到了它的逻辑顶点：他把无论是社会的还是社会化了的人的一切现象都彻底地变成了历史问题，因为他具体地揭示了历史发展的真正基础，并使之全面地开花结果。……在这种意义上，马克思对黑格尔的批判是黑格尔自己对康德和费希特的批判的直接继续和发展。因而出现这样一种情况：一方面，产生了马克思的辩证方法，它坚持不懈地继续了黑格尔竭力想要做而未能具体做到的事情。另一方面，也留下了著作体系的尸骸，供追腐逐臭的语文学家和体系炮制者去分享。"②事实上，这两方面在历史上也处于一种辩证的关系中，对"追腐逐臭的语文学家和体系炮制者"的哲学批判，正是马克思的历史辩证法得以"产生"的一个重要契机。马克思认为，通过消解哲学思想的

---

① 马克思：《资本论·1872年第二版跋》，《马克思恩格斯选集》第2卷，北京：人民出版社2012年9月版，第94页。
② ［匈］卢卡奇：《历史与阶级意识》，杜章智等译，北京：商务印书馆1999年版，第68—69页。

批判精神，无原则地向所谓"现实"妥协和毫无现实感（其本质是历史感）的仅仅充满主观激情的"批判"，都不是对黑格尔的历史精神与辩证法的真正继承和发展：

"老年黑格尔派认为，只要把一切都归入黑格尔的逻辑范畴，他们就理解了一切。青年黑格尔派则硬说一切都包含宗教观念或者宣布一切都是神学上的东西，由此来批判一切。"①

"既然青年黑格尔派认为，观念、思想、概念，总之，被他们变为某种独立东西的意识的一切产物，是人们的真正枷锁，……那么不言而喻，青年黑格尔派只要同意识的这些幻想进行斗争就行了。"②

"事情是这样的：以一定的方式进行生产活动的一定的个人，发生一定的社会关系和政治关系。经验的观察在任何情况下都应当根据经验来揭示社会结构和政治结构同生产的联系，而不应当带有任何神秘和思辨的色彩。社会结构和国家总是从一定的个人生活过程中产生的。但是，这里所说的个人不是他们自己或别人想象中的那种个人，而是现实中的个人，也就是说，这些个人是从事活动的，进行物质生产的，因而是在一定的物质的、不受他们任意支配的界限、前提和条件下活动着

---

① 马克思和恩格斯：《德意志意识形态》，《马克思恩格斯选集》第1卷，北京：人民出版社2012年版，第144页。
② 马克思和恩格斯：《德意志意识形态》，《马克思恩格斯选集》第1卷，北京：人民出版社2012年版，第145页。

的。"①

马克思所说的"个人"概念首先是一个"社会－历史"的概念，具有一种历史辩证法的方法论性质，它指的既不是一个人自己"想象中的那种个人"，即"自我意识"，也不是"别人想象中的那种个人"，如"传记"意义上的"伟大人物"，或黑格尔概念中的"世界历史的个人"。这种方法论性质的个人，只能在"从事活动的，进行物质生产的，因而是在一定的物质的、不受他们任意支配的界限、前提和条件下活动着的"范围内进入"历史"，从这个意义上说，历史唯物主义并不是一种"个人主义"意义上的"人本主义"，虽然它作为叙述目标的是"历史经验"，但却不是处于"自我意识"之中的"意识经验"，而是"在任何情况下都应当根据经验来揭示社会结构和政治结构同生产的联系"。在以系统地解释社会经验"总体"的历史生成为目标的唯物史观中，这种方法论意义上的"个人"只属于黑格尔所谓呈现历史记忆之"全部"、构成历史的可叙述边界的"自在的历史"，它的出场一定意味着我们没有对历史进行充分的、系统的"经验的观察"，而陷入到了偶然的历史细节中去了：

"在思辨终止的地方，在现实生活面前，正是描述人们实

---

① 马克思和恩格斯：《德意志意识形态》，《马克思恩格斯选集》第1卷，北京：人民出版社2012年版，第151页。

践活动和实际发展过程的真正的实证科学开始的地方。关于意识的空话将终止，它们一定会被真正的知识所代替。对现实的描述会使独立的哲学失去生存环境，能够取而代之的充其量不过是从对人类历史发展的考察中抽象出来的最一般的结果的概括。这些抽象本身离开了现实的历史就没有任何价值。它们只能对整理历史资料提供某些方便，指出历史资料的各个层次的顺序。但是这些抽象与哲学不同，它们绝不提供可以适用于各个历史时代的药方或公式。"①

---

① 马克思和恩格斯：《德意志意识形态》，《马克思恩格斯选集》第1卷，北京：人民出版社2012年版，第153页。

第四章
"现代"的时代意识与"历史叙述"的起源

一、"后黑格尔"哲学中的"时间（时代）意识"

1

康德已经把"时间"建立为"经验"得以形成的条件，概念性的知识不能超出"可能经验"的限度。而"黑格尔是将概念同一于时间的第一人"①，黑格尔反复强调"时间所涉及的东西，正是实际存在着的（daseiende）概念本身"②，"黑格尔哲学的目标是陈述历史的事实。由此可以得出结论说，与概念相

---

① Alexandre Kojeve, *Introduction to the Reading of Hegel*, Translated by James H. Nichols, Ithaca and London: Cornell University Press, 1980, p.131.
② Alexandre Kojeve, *Introduction to the Reading of Hegel*, Translated by James H. Nichols, Ithaca and London: Cornell University Press, 1980, p.131-132.

同一的时间就是**历史的**时间，是人的历史在其中展开的时间，或者更确切地说，被实现为（不是例如天体的运动，而是）普遍的历史的时间。"①

基督教神学是这样处理"永恒"与"时间"以及"意识"与"自我意识"的关系的：存在着一种可以被"绝对知识"化、"绝对理念"化或者说"绝对在场化"、绝对清晰透明的"永恒意识"，但它却不可能以同样的清晰透明性、绝对性和永恒性的方式，而只能以"时间"和"有限"的方式存在于人的"自我意识"中，或者说，人的"自我意识"就是这样一种"绝对（永恒）意识"与时间化、欲望化（物化）的"有限意识"之间的辩证张力。

黑格尔在《精神现象学》中处理宗教信仰和（"概念"化的）科学知识这两种"精神"的形式时，是"辩证"的，黑格尔并不是一个激进地主张以现代的科学思维和理性政治的世界完全取代中世纪宗教信仰的伦理世界的"现代主义者"，也不是一个主张从现代理性世界返璞归真，重回传统的信仰伦理社会的"文化保守主义者"，而是一个以细致、历史的方式辨析了为什么这两种思想态度的纠结和矛盾会成为我们这个时代所有民族的共同历史命运的哲学家。"本质是直接存在于信仰中

---

① Alexandre Kojeve, *Introduction to the Reading of Hegel*, Translated by James H. Nichols, Ithaca and London: Cornell University Press, 1980, p.133.

的，其所以是**直接的**，是因为信仰的对象即是**本质**，也就是说，即是**纯粹的思想**（纯粹被思维物）。但是一旦**思维**进入了**意识**，或纯粹意识进入了自我意识，这种**直接性**就获得了一种对象性存在的含义，意味着是一个处于对自我的意识之彼岸的对象性**存在**。**纯粹**思维本来具有的直接性和简单性，既然在意识中取得了这种新的含义，于是，信仰的**本质**就从思维下降为表象（观念），就变成了真正说来乃是自我意识的对方这样一种超感性世界。——相反，在纯粹识见中，纯粹思维进入意识这个过渡活动所取得的规定是一种与上述相反的规定，对象性一变而意味着是一种纯然否定的、自身扬弃的、向自我返回的内容，即是说，只有自我才是它自己的对象，也就是说，对象只有当它具有自我（或主体）这个形式时才有真理性。"[1]

"现代（理性）国家"与"传统（宗教、伦理）社会"之间的辩证关系，是我们这个时代（现代）必然面对的历史命运，是我们这个时代的"时代精神"形成的基础，也是我们对"当代文化"进行哲学反思的起点。我们在《精神现象学》中，看到的是黑格尔对这两种思维模式或者说意识形态的辩证关系的反复耐心深入的辨析，黑格尔在这里面对的主要问题是这两种思维模式之间的辩证逻辑问题，而不是一个简单的"历

---

[1] [德] 黑格尔：《精神现象学》下卷，贺麟、王玖兴译，上海：上海世纪出版集团2013年版，第78页。

史""进步"或发展的问题。按照"现代主义者"哈贝马斯的观点,这意味着"现代的时代意识"有一个从"传统(宗教、伦理)社会"中进行"自我确证"的问题。[1] 在黑格尔这里,现代的"时代意识"作为一个"历史"问题,其本质是"启蒙(理性)"和"信仰"作为"意识经验"的"辩证逻辑""结构"和"在场方式"的问题。按照这种"辩证逻辑",我们可以将"现代(主体)意识"与"传统"的关系理解为"理性(反思)"和"(单纯、朴素)信仰"之间的辩证(历史)关系:一方面,"传统"是"现代意识"这个主体"反思"、建构、"再现"和"叙述"的产物;但另一方面,"信仰"这种"意识形式",也有自己完整的辩证结构,并不完全是一种单纯、无反思的"原始的"意识形态。只不过,在现代启蒙语境下,原本代表着信仰的历史厚度的"信仰的对象"[2]被"无限化"了,退到了可解释的"历史"的背后,形成了一个"自在之物"的"神秘世界",发挥着某种"上帝"般的"精神实体"的功能:"在信仰意识里,**自在而自为**的存在的方面,是信仰的绝对对象;这绝对对象的内容和规定已经显现过了,因为,按照信仰这一概念

---

[1] 参见[德]哈贝马斯:《现代的时代意识及其自我确证的要求》,载哈贝马斯:《现代性的哲学话语》,曹卫东译,南京:译林出版社2011年版,第1—26页。
[2] 在《精神现象学》的"精神"这一章中讲述了"信仰的思想"之后,另辟一个小节,专门论述了"信仰的对象"。参见[德]黑格尔:《精神现象学》下卷,贺麟、王玖兴译,上海:上海世纪出版集团2013年版,第74—80页。

说来，信仰的绝对对象不是什么别的，正是已上升为纯粹意识的普遍性了的实在世界。因此，后者［实在世界］的结构也构成着前者［信仰的对象］的组织，只有一点不同，即在信仰世界里，各组成部分，当它们精神化的时候，并不异化其自身，而勿宁是，它们各是自在自为地存在着的本质，各是返回到了自身并自己保持不变的精神。"①

黑格尔的《精神现象学》可以说是历史-系统地辨析"启蒙"和"信仰"这两种意识形态的第一次伟大哲学尝试。"虽说他个人带有欧洲中心主义的倾向，但黑格尔实际上却是试图发展一种不以任何特定民族的或传统的基础为出发点的哲学。在创造一种拒绝以任何可被接受为第一原则或首要基准的东西为基础的哲学进程中，黑格尔的努力就位居这类哲学首创行为之列，而且至今也仍不失为一次最为精致的尝试。"②黑格尔的"哲学意图是赞美与完善现代性，而不是拒斥它。然而，对于黑格尔来说，完善某一事物就是指消除它在最初所表现出来的片面性和抽象性。现代性也不例外"③。对于任何一个民族来说，"现代性"最初都只是一个抽象的理想或者理念，不可能与本

---

① ［德］黑格尔：《精神现象学》下卷，贺麟、王玖兴译，上海：上海世纪出版集团2013年版，第78页。
② ［美］大卫·库尔珀：《纯粹现代性批判——黑格尔、海德格尔及其以后》，臧佩洪译，北京：商务印书馆2004年版，中文版前言，第1页。
③ ［美］大卫·库尔珀：《纯粹现代性批判——黑格尔、海德格尔及其以后》，臧佩洪译，北京：商务印书馆2004年版，第48页。

民族的历史传统和现实社会完美地融合在一起,虽然现代性的观念在任何民族都要经历一个从抽象到具体的历史化过程,但这并不能否定世界历史发展的潮流和方向。"黑格尔赞同他所看到的东西,将其称为文化和社会的普遍方向。他热情地支持他所理解的现代时代的重要进展。"[1]对于世界上的任何民族来讲,"现代"观念的核心都是个人的自由和权利,"那些造就现代时代的革命性变化将个人从社会和传统的束缚下解放了出来。个人已变成了共同体中的一个真实的力量"[2]。"这些革命标志着,在将人类的主体自由从实质性共同体的奴役下,或者从自然的野蛮的给定性下解放出来这一任务中,人类取得了一些最为关键的进展。"[3]只有在自由和权利这个层面上,才谈得上"历史""发展"和"进步",否则我们就不可能在任何意义上拥有一部人类共同的"世界历史"。"现代性"与"民族文化"之间的关系,并不是"现在"与"过去"的关系,也不是"非此即彼"的关系,而是"抽象"与"具体"的关系,或者换句话说,只有当一个民族的"文化"以一种比抽象的"现代性"

---

[1] [美]大卫·库尔珀:《纯粹现代性批判——黑格尔、海德格尔及其以后》,臧佩洪译,北京:商务印书馆2004年版,第48页。
[2] [美]大卫·库尔珀:《纯粹现代性批判——黑格尔、海德格尔及其以后》,臧佩洪译,北京:商务印书馆2004年版,第48页。
[3] [美]大卫·库尔珀:《纯粹现代性批判——黑格尔、海德格尔及其以后》,臧佩洪译,北京:商务印书馆2004年版,第48—49页。

("启蒙")观念更生动、更具体、更具历史内涵的方式实现了个人的自由和权利时,这个民族才真正开始进入"现代世界",才开始在现代世界中影响世界历史的进程。

黑格尔将欧洲近代启蒙运动中最核心的哲学思想即康德的"理性批判"系统地运用到了历史话语的建构中,形成了以哲学的方式来论述历史中的核心和本质问题的方法,并将哲学锻造成了一种对"时代"采取"介入"态度的"现代意识形态"。

2

卡尔·洛维特从哲学史的角度指明了"现代哲学"在"时间意识"问题上与黑格尔的哲学体系的断裂的根源:"黑格尔的学生"(马克思、克尔凯戈尔等)"已经放弃了"黑格尔将"历史终点"凝固在"现在"的封闭理性主义历史观:"他们根据未来设计自己的现在,不再把黑格尔的思辨视为哲学观点,而是仅仅还视为一种对历史实践的背离。"[1]

卡尔·洛维特说,黑格尔"在亚里士多德和莱布尼茨之后第一个获得了一种不外在于哲学的历史地位。通过把过去的东西理解为继续起作用的东西,哲学成为时代的意识,历史连续

---

[1] [德]卡尔·洛维特:《从黑格尔到尼采》,李秋零译,北京:中国人民大学出版社2014年第2版,第283页。

性成为历史进程的原则"①，黑格尔历史精神的核心在于，通过分析"过去的东西"在"时代"或"现实"中发挥作用的方式，建立起"连续性"的历史叙述，以及我们生活在其中的"当代"（"现在"）的历史真实性。这种历史精神正是黑格尔展开对哲学以外的"过去"的意识形态（如"宗教信仰""伦理"甚至"启蒙"等等）的批判的基础，而分析这些过去的意识形态的"抽象性"的具体方法是：揭示这些"过去"的意识形态作为"社会意识"发挥作用的条件，并分析其在当代（"现在"）——"自我意识"已经得到充分发展的时代——不可能同样发挥作用的条件。

"经验的事件发生无止境地继续进行，这对黑格尔来说是不言而喻的。与此相反，概念的历史事实上已在他那里结束。这样，黑格尔并没有不顾自己在历史上的断念仍然为自己的体系要求绝对的效力，而是由于自己的历史知识而能够也在一种杰出的意义上如此体系化，乃至前无古人，后无来者。"②这并不是说，黑格尔的历史哲学具有一种超历史的绝对权力和永恒的在场结构，而是说，如果我们要对历史做一种系统的（超历史的）哲学思考，就必须至少在"精神"的层面上领会黑格尔

---

① ［德］卡尔·洛维特：《从黑格尔到尼采》，李秋零译，北京：中国人民大学出版社 2014 年第 2 版，第 175 页。
② ［德］卡尔·洛维特：《从黑格尔到尼采》，李秋零译，北京：中国人民大学出版社 2014 年第 2 版，第 172—173 页。

的"历史哲学";如果我们要通过"语言"(逻各斯)叙述历史的"真相",构建历史叙述的真实性,就必须在"系统"的意义上"继承"黑格尔的"方法"。"黑格尔把迄今为止存在过并且实现了的东西都当代化","黑格尔生活在第一次按照绝对者在应当表明在现实中起作用、也就是说表明为'不断地将自身相对化'的情况下就必须怎样把握它的样子来把握它的意识中。"①黑格尔"把绝对者描述为一个内在于现实中并且随时在场的精神"②。而马克思对黑格尔历史精神的继承和发展并不局限于某一具体的观点,或者说某部著作中对黑格尔某个具体观点的分析和批评,而在于:在"当代"(现在)和"过去"的总体辩证关系中来建立对历史的本质和规律的认识,并且把"未来"(共产主义社会)的维度也引入了这场关于"历史精神"的复杂对话当中。在黑格尔尝试建立这种总体性的历史精神的成果之上,马克思通过对"实践""劳动"和其他社会历史运行中的本质要素的分析,或者说从庞杂的历史中分析出这些本质要素的方法,极大地拓宽了这种哲学的"总体历史观"的理论深度和历史厚度。"黑格尔的历史哲学……没有一刻想到未

---

① [德]卡尔·洛维特:《从黑格尔到尼采》,李秋零译,北京:中国人民大学出版社2014年第2版,第173页。
② [德]卡尔·洛维特:《从黑格尔到尼采》,李秋零译,北京:中国人民大学出版社2014年第2版,第173—174页。

来"[1],这成了包括马克思在内的青年黑格尔派与"原初的黑格尔学派"分裂的契机。"如果人们以哲学知识只想重复黑格尔自己已经更好地说过的东西的话,这是最配不上黑格尔的方式。这在他的眼中恰恰是精神的死亡,而精神的活力就在于完成新的分裂。"[2]真正具有历史精神的哲学只能在"差异"和"发展"中存在,而不可能在"重复"中存在。

洛维特详细地描写了黑格尔去世之后,19世纪中晚期德国的思想氛围:黑格尔哲学已经笼罩着普鲁士国家生活的各个方面,形成了一种总体性的精神气氛甚至意识形态。然而,真正把黑格尔的哲学从一种普鲁士的"国家哲学"变成一种"世界哲学"或"世界历史的哲学"的,并不是忠实于黑格尔哲学体系的表面形式和结论的黑格尔的亲炙弟子们,而是通过在理论上猛烈批判甚至颠覆黑格尔体系并恰恰以此保持了黑格尔哲学真正的核心——历史精神(时代精神)的国家(大学)哲学反叛者费尔巴哈、马克思、克尔凯戈尔,正是他们开启了20世纪的哲学思潮,如果我们不精确地描述这批在19世纪德国的黑格尔主义浪潮中形成其哲学立场的哲学家们所面对的整个思想气氛,也就不可能真正理解他们在哲学上追求的精神目标,

---

[1] [德]卡尔·洛维特:《从黑格尔到尼采》,李秋零译,北京:中国人民大学出版社2014年第2版,第175页。
[2] [德]卡尔·洛维特:《从黑格尔到尼采》,李秋零译,北京:中国人民大学出版社2014年第2版,第176页。

以及这种精神目标对整个现代世界发展的影响。

马克思的职业选择并不是孤立的,而是有那个特定时代的精神氛围和社会发展做基础。费尔巴哈就曾经因为不愿放弃自己的学术观点而失去大学教师的职位,克尔凯戈尔"从来未能决定利用他的神学考试成绩来获得一个牧师职位"[①],而是和叔本华一样,靠遗产生活;那时的欧洲,除了开始涌现出大批主要以写作满足新兴市民阶层"休闲"需要的"小说"为职业的"作家",也开始涌现以政治和哲学评论为主要写作题材的自由撰稿人。这是一帮有意识地和当时的普鲁士国家体制与官方哲学保持距离的人,却在精神上最忠实地延续了黑格尔的思想。

3

"时间意识"是困扰着20世纪西方历史哲学的真正核心难题。黑格尔将"世界历史"看作一个"理性"进化的过程,而这种进化主义的、具有预定终点的历史观其实正是以磨平了"时间"(时代)的复杂性和多面性为前提的,它必然伴随着对于"时代"中复杂而丰富的生存体验的简单化处理,"人类的历史性进步与人类穿越匀质的、空洞的时间的进程是两个密不可分的概念。对于进步概念本身的任何批判都必须以对于这样

[①] [德] 卡尔·洛维特:《从黑格尔到尼采》,李秋零译,北京:中国人民大学出版社2014年第2版,第90页。

一种进程的概念的批判为基础。"[1]而"史学是这样一门学科,其结构不是建筑在匀质的、空洞的时间之上,而是建筑在充满着'当下'的时间之上"。本雅明以法国大革命中的罗伯斯庇尔的"时间意识"为例,来说明这种"充满着当下的时间"以及建立在其上的真正的"历史性":"对罗伯斯庇尔来说,古罗马是一个他从连续统一的历史过程中爆破出来的填注着当下时间的过去"[2],"革命阶级在行动之时有一种典型的意识,认为他们行将让连续统一的历史进程土崩瓦解。"[3]与"现在"的丰富性和复杂性比起来,"过去"的时间会显得单调、均一,甚至可以被抽象和概括为某种"传统","革命意识"正是对这种单调化、均一化的时间进程所支撑的抽象"历史进程"的终断和辩证否定,革命意识总是和某个总体性的"历史"(本民族的全部历史"传统"甚至整个"世界历史")对着干,用"现在"的丰盈而充实的生存体验来炸毁囚禁着过去的"匀质的、空洞的时间的进程",即"传统":"现在不是某种过渡,现在意味着时间的停顿和静止",传统"给出的是过去的'外部'形象"[4],这

---

[1] [德] 本雅明:《历史哲学论纲》,见陈永国、马海良编:《本雅明文选》,北京:中国社会科学出版社1999年版,第411页。
[2] [德] 本雅明:《历史哲学论纲》,见陈永国、马海良编:《本雅明文选》,北京:中国社会科学出版社1999年版,第412页。
[3] [德] 本雅明:《历史哲学论纲》,见陈永国、马海良编:《本雅明文选》,北京:中国社会科学出版社1999年版,第412页。
[4] [德] 本雅明:《历史哲学论纲》,见陈永国、马海良编:《本雅明文选》,北京:中国社会科学出版社1999年版,第413页。

种外部形象脆弱不堪、摇摇欲坠，因为它无法经受起被"未来"所充实的"现在"的时间意识的"解构"和人在"现在"的时代中进行的"实践"的爆破，而"历史唯物主义者""始终控制着自己的力量，始终精力十足，足以承担爆破连续统一的历史过程的任务"①。

只有我们让"时间"在叙述历史的方法中真正流淌起来，就如同它在"现在"中流淌一样，我们才能真正理解"历史"的意义："用史学的方法述说过去并不意味着去辨识它'本来的模样'；而是当记忆中的某种东西在危急时刻闪现的时候去抓住它。"②"因为每一个不能被现在关注而加以辨识的过去形象都可能无可挽回地消失掉。"③对于历史哲学而言，"现在"只能在对"过去"的拯救、"辨识"和重建中存在。我们不应幻想"过去"会随着"传统"的惯性延续而永远不变地存在下去，事实上任何关于过去的历史叙述，包括整个"传统"，都是在"现在"中被有意识地建构起来的。随着"现在"不断地流逝和变化，"过去"和"传统"被一次次地推倒重建，它的形象并不比"现在"本身更加稳固。

---

① [德] 本雅明：《历史哲学论纲》，见陈永国、马海良编：《本雅明文选》，北京：中国社会科学出版社1999年版，第413页。
② [德] 本雅明：《历史哲学论纲》，见陈永国、马海良编：《本雅明文选》，北京：中国社会科学出版社1999年版，第405页。
③ [德] 本雅明：《历史哲学论纲》，见陈永国、马海良编：《本雅明文选》，北京：中国社会科学出版社1999年版，第405页。

二、"现代"的"时间结构"分析

1

在对历史整体性和"时代意识"的辩证法的思考上,哈贝马斯的《现代性的哲学话语》是20世纪下半叶西方哲学中罕见地给出了系统的历史梳理和清晰的理论表达的著作。哈贝马斯不仅对当代哲学的最重要的思想潮流如现象学、分析哲学、实用主义、结构主义、后现代主义等都有自己独立的研究和评论,更重要的是,他把这些评论的"独立性"建立在他自己对黑格尔这位"古典哲学"的"最终代表"的哲学思想的系统重述的基础上。在这本书中,哈贝马斯系统地梳理了从黑格尔开始的"现代意识"在19到20世纪的欧洲哲学中的发展,尤其是点明了"时代意识"在西方哲学从理性哲学转型到语言哲学、从"现代意识"转向"后现代意识"中的作用。虽然哈贝马斯在这本书中提到和引用的学者众多,但真正决定了他的"现代性"概念的历史视野的核心作品,还是黑格尔的《精神现象学》和海德格尔的《存在与时间》。

海德格尔在他的代表作《存在与时间》中把"历史"明确界定为一种对"时间性"的体验:"此在的存在在时间性中有

其意义。然而时间性也就是历史性之所以可能的条件,而历史性则是此在本身的时间性的存在方式;……历史性这个规定发生在人们称为历史(世界历史的演历)的那个东西之前。首须以此在为基础,像'世界历史'这样的东西才有可能,这些东西才以演历方式成为世界历史的内容;而历史性就意指这样一种此在的演历的存在建构。"①

海德格尔对历史所作的哲学思考的最大意义,就在于他对人的存在("此在",Dasein)的"时间性"以及这种时间性与"历史性"的关系的分析:在"过去""未来"和"现在"之间展开的"时间意识",是人"筹划"和理解自身的"生存意义"的形式上的条件——人总是基于对"过去"的"经验"的总结,在"未来"中"合理地"筹划着自己的"希望";而"现在"则正是这种筹划中的未来的虚幻(想象)性显露和涌现出来的,"现实"被体验和"经历"到的历史性时刻;"历史"正是"时间意识"的主观结构与历史经验的"存在建构"之间的辩证法。正如哈贝马斯所分析的:"海德格尔不厌其烦地把存在撤退所导致的实证权力阐述为一个拒绝事件。'存在的缺席就是作为缺席的存在自身。'在现代性总体的存在遗忘中,丝毫还感觉不到存在离去的消极意义。……如今,存在的历史把

---

① [德]海德格尔:《存在与时间》,陈嘉映、王庆节译,北京:生活·读书·新知三联书店 2014 年版,第 23—24 页。

自身看作是对形而上学自我遗忘的分解。海德格尔一生所有的努力,都是为了'把存在呈现的缺席当作是存在自身的一种未来,并对这种经验加以思考。'"①

不过,"海德格尔无法把形而上学历史的分解理解为一种作为揭露的批判,也无法把对形而上学的克服理解为最后一种揭露行为,因为,从事这一切的自我反思仍然属于现代主体性时代。所以,把本体论差异作为主线的思想,必然会要求一种超越自我反思和话语思想的认识能力。"②

与海德格尔相比,哈贝马斯对历史观的整体分析更多地继承了黑格尔和马克思的框架,最明显的表现,就是哈氏把海氏对"时间意识"的分析,从一种人对自身存在的意义的主观理解,转换为了一种多重批判(如对"国家""文化传统""哲学"等的批判)视角中的"现代性"问题。例如对"传统"问题的历史分析:对"传统"的理解,本质上就是"现代性"的问题;因为只有在一个已经把"传统"葬入"历史"的"时代"(现代),对传统的"反思"才成为可能,真正生活在传统社会中的时代(民族),是不会意识到,更不会谈论"传统"问题的:"期待视野从传统的经验力量中脱离出来,才使得具有自

---

① [德]哈贝马斯:《现代性的哲学话语》,曹卫东译,南京:译林出版社2011年版,第157—158页。
② [德]哈贝马斯:《现代性的哲学话语》,曹卫东译,南京:译林出版社2011年版,第158页。

身存在权利的新时代能够从过去时代中摆脱出来,并与之进行对抗。"①"现代"与"传统"的关系,不是同一个历史叙述系统中的两个"时代"的并列关系,而是主体和客体之间的辩证生成关系,传统是被(本身不断发展着的)"现代意识"这个主体不断重新生成出来的一个客体。或者说,"传统"问题本质上只是在错误的(抽象的、片面的、不完整的)"时间意识"中展现出来的"历史"问题而已——"传统"在本质上将"现在"理解为一种面向"过去",在"现在"中抽象地形成对"过去"的总体性理解的存在方式,而忽略了正是(敞开的)"面向未来"的"时间意识"使"现在"具有真正的"历史性",是"未来意识"使"现在"具有了一种"历史实践"的紧迫感和使命感:"一方面,在未来问题的压迫下,现在被赋予了历史行动的责任,并获得了对过去的支配权;另一方面,一种稍纵即逝的'现在'也由于采取了干预和忽视的态度,而在未来面前发现自己受到了追究。"②

2

对于黑格尔的著作,哈贝马斯最重视的显然还是《精神现

---

① [德]哈贝马斯:《现代性的哲学话语》,曹卫东译,南京:译林出版社2011年版,第18页。
② [德]哈贝马斯:《现代性的哲学话语》,曹卫东译,南京:译林出版社2011年版,第18页。

象学》和《法哲学原理》，他在获得1974年斯图加特市黑格尔奖金的致辞中，用自己的哲学语言将黑格尔政治哲学的核心问题表述为"复合社会的理性同一性"问题：

"一个复合的社会，例如，我们这个社会，能否**建立**一个理性的同一性的问题，说明了我想使用同一性这个词的意义：一个社会就像一个对象那样，一般来说，并不具有一个它应该有的同一性。"①

"理性同一性"是"现代社会"的"历史特征"，每一个现代社会只能从其"历史"中生成出其"理性同一性"即"现代性"。每一个"现代社会"或"理性社会"都是一个了不起的历史成就，对于任何一个有"传统"的"民族"来说，这都是一个在与传统的激烈博弈中形成（现代意义上的）"历史"的过程。甚至"民族国家形成史"也不足以概括这一历史的激烈、血腥的丰富性。在黑格尔奠定了这一"现代性的哲学话语"的"起源"之后，马克思以他的历史唯物主义理论和资本主义社会批判表明，对于西方社会来说，这种"理性同一性"或"现代性"是在对殖民地的暴力掠夺和对无产阶级的经济剥削的"资本主义历史"中形成的。

按照康德－黑格尔认识论方法，"对象"是一个由"主体"

---

① ［德］哈贝马斯：《重建历史唯物主义》，郭官义译，北京：社会科学文献出版社2000年版，第85页。

在"时间（历史）"中建构起来的"过程"。"社会"作为一个"复杂对象"进入"哲学视野"的过程，正是"（现代）历史"展开和形成的过程，或者，更精确地，我们应该反过来说："社会"被一个"主体"（我们不禁要问：这个主体是谁？）作为一个有待从实践上加以整合的"对象"来"认识"的时刻，才是"现代哲学"真正"诞生"的时刻，这种对"社会结构"和"现代国家"问题的思考在英国、法国和德国，欧洲和美国，西方和东方具有不同的历史形式，不一定都表现为作为一种大学学科的"哲学话语"。"一个对象可以被不同的观察者认定为同一个对象，尽管他们以不同的方式去认识它和描述它。一个社会以某种方式建立它的同一性；一个社会如果没有丧失它的同一性，那它就把这归功于自身的成就。此外，**理性**同一性的表述，说明这个概念具有一种规范内容。因此我们认为，一个社会会失去它的'原本的'或者'真正的'同一性。"① 即使一个社会不能以"哲学"的方式完整系统地描述自身的"理性同一性"的起源和形成过程（就像黑格尔在现代政治体制和"大学体制"合流的"关键时刻"在《精神现象学》《逻辑学》《法哲学原理》《历史哲学》和《哲学史讲演录》中对"西方"所作的），只要一个社会还"没有丧失它的同一性"，我们就可以

---

① ［德］哈贝马斯：《重建历史唯物主义》，郭官义译，北京：社会科学文献出版社2000年版，第85页。

反过来，以它的"未消失"为基础来分析它的现代性和历史性。当然，只要我们要用（哲学）语言"表述"这个"对象"，至少在当前时代，还是只能在"方法"的意义上参照康德－黑格尔对"理性同一性"的哲学表述，因为任何语言叙述都需要一个"历史基础"，而康德－黑格尔的"体系"在当前时代，仍然具有对"现代历史"的最大涵盖力。例如，用哈贝马斯的哲学语言，我们可以将源自黑格尔的现代政治哲学的核心目标表述为"以具有真实历史内容的'理性（商谈）同一性'替代以暴力为基础的'虚假同一性'"："黑格尔曾经谈到过'虚假的'同一性，如果已经支离破碎的生活联系的统一性只能用暴力来维护的话。我们今天是否还能这样讲，还没有定论。由于当今社会的复合性，我们是否还能用同一性这个词表达一种自身统一的思想，也还不清楚。"[①]

3

哈贝马斯在《现代性的哲学话语》一书开头，就从"时间（时代）意识"的角度，对黑格尔哲学中"历史"与"现代"的辩证关系作了深入系统的讨论，他认为，"现代意识"与"历史意识"之间的辩证张力，是青年黑格尔派切入黑格尔哲学的

---

① ［德］哈贝马斯：《重建历史唯物主义》，郭官义译，北京：社会科学文献出版社 2000 年版，第 85—86 页。

第四章　"现代"的时代意识与"历史叙述"的起源　　｜　145

一个重要视角，因而成了马克思从"历史"维度重构现代性哲学话语的出发点："青年黑格尔派的确很想面向未来的现在从全知全能的理性的控制之下解脱出来。他们希望重构历史维度，为批判打开一个活动空间，以便应对危机。但是，他们想要获得一种行动指南，就不能为了历史主义而牺牲时代历史，而且还要保持住现代性与合理性之间的独特联系。"① 但是，哈贝马斯也借用卡尔·洛维特的话点出，"青年黑格尔派"在哲学上并未真正达到黑格尔的体系深度和历史高度，或者说，"青年黑格尔派以一种非哲学的方式投身于历史思想，'他们想置身于历史之中并把历史作为取向，这就好比船坞毁坏之后想抓住风暴一样。'"②

按照哈贝马斯的观点，马克思从黑格尔那里继承下来的核心哲学问题，是"现代社会"的"合理性"与"历史性"之间的辩证关系，而不仅仅是对历史中形成的某一特定社会形态的批判。只不过，从"时代意识"的角度看，黑格尔只把"历史"理解为"现在"和"过去"之间的辩证法，而马克思则创造性地引入了"未来"维度：历史不仅仅是"现在"和"过去"之间的辩证关系，而是"未来""现在""过去"三者之间的复杂

---

① ［德］哈贝马斯:《现代性的哲学话语》，曹卫东译，南京:译林出版社2011年版，第63页。
② ［德］哈贝马斯:《现代性的哲学话语》，曹卫东译，北京:译林出版社2011年版，第63页。

对话；马克思要从未来（共产主义社会）视角建构和批判"现在"和"过去"，而不是要把"现在"构造为一个"全知全能的理性"的"历史终点"。为此马克思就要建立一种不同于黑格尔的封闭理性历史观的新的系统历史观，它既能解释黑格尔（尤其是在《精神现象学》中）建构起来的历史经验体系（"意识的经验的科学"），又不像黑格尔的"历史哲学"那样，试图在理性与历史、概念（本质）与存在之间建立起一种不偏不倚的、一点也不偏向我们时代的"现代"与"历史"的平衡。"黑格尔认为，现实就是存在与本质的统一；黑格尔恰恰就是用他的现实性概念把奠基现代性基础的关键环节搁置到了一边，意义深远的短暂瞬间。在这瞬间当中，反复出现的诸多未来问题纠缠到了一起。时代历史的现实性应当是哲学需要的源泉，而老年黑格尔把这一点从本质事件或合理事件的建构中隔离了出去，认为它是纯粹经验的，反映的是一种'劣质无限性'中的'偶然性''瞬间性''无意义性''短暂性'和'扭曲性'。"[1]

4

黑格尔历史哲学中的"时间意识"和"时代精神"深刻地影响了马克思世界历史观的形成。现代世界的"飞速发展"

---

[1] ［德］哈贝马斯：《现代性的哲学话语》，曹卫东译，北京：译林出版社2011年版，第62页。

第四章 "现代"的时代意识与"历史叙述"的起源

（如铁路和火车的出现）改变了人们的"时间体验"，这种"时间体验"是形成"现代意识"并在现代意识基础上形成"世界历史观"的基础，而这种现代世界历史观最本质的特征就在于它是面向"未来"开放的，而不是面向"过去"封闭的："Geschichte（历史）这个新造的词则适应了有关历史事件不断加速发展的新经验，……当时曾出现这样一种观念，认为历史是一个统一的、引起问题的过程，时间则是克服问题的有效力量，这样便把时间当作了一种压力。时代精神（Zeitgeist）这个新词曾令黑格尔心醉神迷，它把现在（gegenwart）说成是过渡时代，在此期间，我们既希望现时早些过去，又盼望未来快点降临。"[①]"由于新世界即现代世界与旧世界的区别在于它是向未来开放的，因此，时代在推陈出新的每一个当下环节上都不断重新开始。"[②]"同'当下'一样，诸如革命、进步、解放、发展、危机以及时代精神等，都是一些动态的概念，这些概念或是在18世纪随着'现代'或'新的时代'等说法一起出现的，或是被注入了新的涵义，而这些语义迄今一直有效。另外，这些概念后来也成了黑格尔哲学的关键术语，并从概念史角度来把握随着西方文化的现代历史意识而出现的问题，即现代不

[①] ［德］哈贝马斯：《现代性的哲学话语》，曹卫东译，南京：译林出版社2011年版，第7页。
[②] ［德］哈贝马斯：《现代性的哲学话语》，曹卫东译，南京：译林出版社2011年版，第7—8页。

能或不愿再从其他时代样本那里借用其发展趋向的准则，而必须自力更生，自己替自己制定规范。"①

"时代意识"（或者说"现代意识"）的觉醒，是黑格尔对哲学的一次根本性变革，也是黑格尔的整个哲学体系的"历史感"的来源和基础。"现代"的"时代意识"在哲学上的特征就是，不再把"时代"抽象地视为"传统"理所当然的延续，而是在对"历史""传统"作总体性的哲学反思的基础上逐渐辩证地充实"现代"观念的历史内涵，并最终将日渐抽象稀薄、对当代人难以理解的传统吸入（"扬弃"、提升为）"现代"的"哲学"观念，使其以哲学的历史厚度的形式在"时代"中"存在"下去：

"一个时代不应提出其自身的历史合法性问题，同样，也不能就把自己当作一个时代。对现代来说，问题就在于要求完全中断或能够完全中断与传统的联系，而且也在于对这种要求与不能完全重新开始的历史现实性之间的关系的误解。"②

从哲学上说，"现代"不能被仅仅视为"一个时代"，而是必须被视为"整个历史"，或者说唯一一种对历史做"总体化"理解的可能性。任何一个背负着自身历史传统的民族的"启蒙"

---

① [德]哈贝马斯：《现代性的哲学话语》，曹卫东译，南京：译林出版社 2011 年版，第 8 页。
② H.Blumenberg, *Legitimitaet der Neuzeit,* Frankfurt am Main, 1966, s.72. 转引自哈贝马斯：《现代性的哲学话语》，曹卫东译，南京：译林出版社 2011 年版，第 9 页。

和"现代化",都不是从一个绝对理性的开端发源的。

黑格尔是第一个把哲学完全历史化或者说把历史完全哲学化的哲学家,他的哲学是通过"时代精神"等概念建立起一种系统地叙述普遍的"历史经验"的方法从而影响当前时代("现代")发展方向的"历史哲学",这构成了他的哲学和以往所有的哲学包括康德哲学最显著的区别,也是哈贝马斯把黑格尔称为"第一位清楚地阐释现代概念的哲学家"的原因:"现代性与合理性之间的内在联系一直都是不言而喻的,今天却成了问题。我们要想搞清楚这种内在联系,就必须回到黑格尔那里去,也就是说,我们首先必须回到黑格尔的现代概念,以便能够判断从其他前提出发进行分析的那些人的要求是否正当。"[1]

"黑格尔开创了现代性的话语。他首先提出了现代性自我批判和自我确证的问题,创立了启蒙辩证法原则,而有了这个原则,现代性的自我确证问题就能做到万变不离其宗。他把时代历史提升到哲学高度,同时把永恒与短暂、永恒与现实等联系起来,进而以前所未有的方式改变了哲学的特征。"[2]

---

[1][德]哈贝马斯:《现代性的哲学话语》,曹卫东译,南京:译林出版社2011年版,第5页。
[2][德]哈贝马斯:《现代性的哲学话语》,曹卫东译,南京:译林出版社2011年版,第59页。

5

哈贝马斯在《现代性的哲学话语》中理解黑格尔和马克思的历史方法的整体思路是这样的：首先分析黑格尔的现代性概念。黑格尔的现代性概念的最大的特点就是它的历史性。从哲学史角度来看，黑格尔的现代性概念的本质就是理性主体的历史结构，现代性为什么要自我确证？就是因为黑格尔认为理性实际上是从历史当中发生出来、演进出来的。实际上黑格尔对这种历史发生和演进的重视程度消融了康德对于理性的先验性特征的重视。认识主体和认识客体，实际上都是从历史的演进过程当中产生出来的。所有的逻辑本质上都只是历史的逻辑。如果说马克思推进了黑格尔的现代性话语，那么本质就在于马克思对这个历史的逻辑提出了一个更深层次的哲学问题，那就是：历史是如何发生的？这个问题按照马克思的思路，必须更加完整，更加系统地从实践哲学的角度来分析。马克思把认知主体转换成了行为（实践）主体，这样就能够更加系统地解释知识、真理、现实这些概念是如何在实践的过程当中，在历史的运动当中形成的。在从黑格尔到马克思的这种历史逻辑的发展过程当中，生产力、生产关系包括社会实践甚至哈贝马斯的交往行为概念，实际上都是认知主体向行为主体转换的一种尝试。例如马克思的"雇佣劳动"概念：

"在异化劳动当中，对象化本质力量的外化和占有之间的循环被打断了。生产者再也不能从他的产品中得到享受，并同他自身发生了异化,而他本可以在他的产品中重新找到自我。"①也就是说劳动者作为主体,和作为客体的他的劳动产品之间本来有一种自然的和谐或者平衡状态。然而这种自然平衡被"雇佣劳动"打破了,"在雇佣劳动当中,社会生产财富的私人占有打破了实践的正常循环。雇佣劳动关系把具体的劳动转变成了抽象的劳动,也就是说,转变成了对资本自我实现的积极贡献,而这个过程似乎占用的是脱离生产者的僵化劳动。"②这就是一个很好的历史分析,说明了生产力和生产关系的历史是如何从自然的平衡状态或者说是原初实践当中发生的。相对于黑格尔的理性主体的历史性的角度来说,马克思对于历史性的很多分析都比黑格尔更加具体,更加系统。总的来说,马克思比黑格尔更善于分析理性行为主体的实践(包括"交往行为"实践)系统。

从哈贝马斯《现代性的哲学话语》一书中的第三篇文章《三种视角:黑格尔左派、黑格尔右派和尼采》可以看出,他依然是从康德式的主体性概念出发来理解历史唯物主义:

"在这里,马克思和黑格尔一样陷入了基本概念的困境当中。因为实践哲学不能提供把僵化劳动当作中介化和偏颇化的

---

① [德]哈贝马斯:《现代性的哲学话语》,曹卫东译,南京:译林出版社2011年版,第74页。
② [德]哈贝马斯:《现代性的哲学话语》,曹卫东译,南京:译林出版社2011年版,第74页。

主体间性加以思考的手段。实践哲学依然是主体哲学的一个变种,它虽然没有把理性安置于认知主体的反思当中,但把理性安置在了行为主体的目的合理性当中。"[1]

"西方马克思主义的发展历史已经使实践哲学及其理性概念的基本困境昭然若揭。"[2]"为了克服以主体为中心的理性的自我矛盾,黑格尔曾以绝对精神的自我中介来反对自我意识的绝对化。实践哲学有充足的理由抛弃这条唯心主义的路线,但它并未摆脱相应的问题;对于实践哲学而言,这些问题反而更尖锐了。因为,如果实践哲学必须以唯物主义的方式把自己看作是这种物化关系的组成部分和后果,如果批判理性自身内部也受到了对象化的强攻,那么,实践哲学如何来抵抗膨胀为社会总体性的目的理性的工具理性呢?"[3]

如果实践哲学首先接受了康德式的认识论的"主体"概念——无论这个主体以"批判理性"还是以"绝对精神"的面目出现——并仅仅把"实践"理解为在这种主体哲学的基础上构造起来的"世界图景"的一个哪怕是"有机"的组成部分,那实践哲学自然会随着黑格尔的"绝对精神"一起落入"理性

---

[1]［德］哈贝马斯:《现代性的哲学话语》,曹卫东译,南京:译林出版社2011年版,第75页。
[2]［德］哈贝马斯:《现代性的哲学话语》,曹卫东译,南京:译林出版社2011年版,第75页。
[3]［德］哈贝马斯:《现代性的哲学话语》,曹卫东译,南京:译林出版社2011年版,第77页。

概念的基本困境"。不过,马克思的"实践哲学"并不是一个"理性概念",而是在起源上就是与(黑格尔的)"历史精神"融为一体的,与"历史"具有一种本原上的共生关系,甚至可以说,它就是"历史唯物主义"本身,它是在"时代精神"中逐渐以"唯物主义"的形式涌现出来的,而不是以理性概念的形式主观地建造起来的。

当然,如果以黑格尔哲学的概念化和体系性方式来要求马克思,那么自然要陷入"基本概念的困境",然而这是黑格尔和哈贝马斯的困境,却很难说是马克思的困境,因为马克思从来没有试图把哲学建立在某些"基本概念"的基础上,甚至从来没有满足于以"科学"(主体－客体)的方式来"解释世界",他只是努力发掘"时代"中正在发生的"历史",努力看清时代中历史运动的趋势和方向,并把"哲学"当作推动这种趋势的整个"社会实践"的一个有机组成部分。

总之,在理解现代社会本质的问题上,黑格尔依然停留在理性哲学话语的内部,虽然他将历史精神注入理性哲学并引入了现代意识。而马克思将实践视为现代意识与历史意识的根源,马克思的实践概念实际上更完整地表现了主客体之间的关系。

6

哈贝马斯的《现代性的哲学话语》中存在着两条勾画"现代性"的哲学概念的思路,一条是席勒、波德莱尔和本雅明,其实也应该包括《艺术作品的本源》和伽达默尔的"哲学解释学"的"审美现代性"的思路；另一条，哈贝马斯更重视的，就是黑格尔和马克思的"历史现代性"的思路。

哈贝马斯发现，"二战"之后，主要资本主义国家普遍顺应着美国实用主义的思想路线，从传统的黑格尔式的"理性意识形态"向更注重经验主义的"科学意识形态"转向，"国家"控制意识形态的各个方面（包括"伦理、宗教和艺术等传统力量"）的努力被放弃了，"国家"把自己的力量集中在对于"科学"和"经济增长（就业）"的管控上，把文化上的"传统"的力量交由"社会力量"去争夺，从而在美国和德国都形成了所谓"新保守主义"文化潮流：

"法西斯主义结束之后，黑格尔右派重新抬头，当然，他们做了两点修正。其一，他们与一种科学理论取得妥协，这种科学理论认为理性在自然科学和精神科学构成的知性文化之外没有任何存在的权利。其二，他们接受了社会学启蒙的成果，也就是说，（在功能上与资本主义经济纠结在一起的）国家充分保障个体在有着分工的工业社会中享有私人权利和就业权利，但丝毫也没有提高其道德地位。……在这一过程中，过时哲学的理论遗产都落到了精神科学身上——让再也不能托付给国家的补偿作用落到了伦理、宗教和艺术等传统力量身上。这样一种迥然不同的论证方式为把社会现代性的肯定立场与发生贬值的文化现代性联系起来创造了基础。今天，这一评价模式成了美国新保守主义和德国新保守主义时代诊断的典型特征。"①

国家和社会结构现代化的代价是"历史",而"伦理、宗教和艺术等传统力量"就是"历史"在"现代社会"中的"补偿"。黑格尔式的具有历史精神的"理性"目标在资本主义的"现代性"方案中已被放弃。理性文化所特有的"历史"内涵,只能分裂为历史记忆的碎片,在个人内心的主观体验中保存,而无法再形成一个总体性的社会实践目标。所以,在现代资本主义国家中,由于黑格尔式的总体性的"历史精神"已不复存在,"历史"就不可能像海德格尔和伽达默尔所代表的浪漫主义解释学传统认为的那样,具有审美的本质。——德国式的"精神科学"或"历史科学"只能是国家的"科学"意识形态与伦理化的个人历史体验之间的辩证中介:"如果只有科学的权威还能证明什么是真的,那么,传统如何才能作为主观的信仰力量而继续存在呢?"②"现代社会需要'一个机构来补偿它的非历史性,并让被置之不顾的历史世界和精神世界保持开放和鲜活'。"③

---

① [德]哈贝马斯:《现代性的哲学话语》,曹卫东译,南京:译林出版社2011年版,第82页。
② [德]哈贝马斯:《现代性的哲学话语》,曹卫东译,南京:译林出版社2011年版,第84页。
③ [德]哈贝马斯:《现代性的哲学话语》,曹卫东译,南京:译林出版社2011年版,第84页。

由于受到20世纪各种哲学思潮,尤其是现象学和语言哲学的影响,当代西方哲学观察历史的视角日益"经验化",也就是从一种整体性的意识形态视角逐渐向"日常生活"或者说"生活世界"的视角过渡。对这种"历史观转向"进行一种整体性的理解并不是不可能的——但这需要从一个相对于"西方哲学"的"外位性"立场去系统地追溯这场转向的"起源"。实际上,我们在一些思想较为系统的学者如海德格尔、哈贝马斯那里,可以清晰地发掘出现代哲学术语下掩藏的黑格尔《精神现象学》的历史叙述结构。

7

利奥塔尔的《后现代状态》一书和哈贝马斯的《现代性的哲学话语》一样,诞生于语言学转向的背景中。[①] 但利奥塔尔这本书有一个很大的优点,就是从整体上来把握住我们这个时代即"现代"或"理性时代"的历史特征。现代最典型的特征就在于,哲学成为一种在社会体制上依赖于大学,在方法上依赖于自然科学,在价值层面上依赖于主体的解放和财富的增长的一种合法化话语。这个观点在《后现代状态》的引言中表达得最清晰。利奥塔尔在引言中概述了现代的概念以及后现代与现代的差异,现代是以理性精神为内核,以

[①] 利奥塔尔在该书引言中对哈贝马斯的观点提出了明确质疑。

第四章 "现代"的时代意识与"历史叙述"的起源

哲学话语、科学话语和现代政治合法化话语为方法架构起来的一种元话语。而后现代则是以语言为方法，对于这个启蒙叙事的元话语的质疑或解构。利奥塔尔提到了很多与语言相关的科学方法和术语，但其核心很显然还是维特根斯坦的"语言游戏"的思想。利奥塔尔从维特根斯坦那里学到了这样一个观点：语言游戏是比我们对于"社会关系"的任何既有认识更接近于"真理"的一种东西，并试图以语言哲学为方法核心形成对"后现代状态"的描述：我们如果脱离了对于话语系统的分析来单纯地思考（主体间的）社会实践和社会关系的话，就会不知不觉地退回到黑格尔式的元叙事中去了，只会以他的哲学话语中关于社会性的一些既定的结论来看待我们的社会，根本无法反映社会在时代当中新的变化和进展，这就是后现代主义的时代意识。

利奥塔尔的"后现代"观念产生在"现代历史"中的这样一个时代：由于历史的"发展"，在这个时代中，使"现代"本身成为可能的那些隐蔽的、在"现代"这个时代中不可能被意识到的历史实践的条件有了从总体上被揭示出来的可能。知识上的"后现代状态"主要表现为以"语言游戏"为中介的"科学"与"叙事"的辩证法："科学在起源时便与叙事发生冲突。用科学自身的标准衡量，大部分叙事其实只是寓言。然而，只要科学不想沦落到仅仅陈述实用规律的地步，只要它还寻求真理，它就必须使自己的游戏规则合法化，于是它制造出关于自身地位的合法化话语，这种话语就被叫做哲学。当这种元话语明确地求助于诸如精神辩证法、意义阐释学、理性主体或劳动主体的解放、财富的增长等某个大叙事时，我们便用'现代'一词指称这种依靠元话语使自身合法化的科学。"[①]

而"历史"只是"叙事"和"科学"之间的"辩证法"："精神有一个普遍的'历史'，精神是'生命'，这个'生命'自我展现、自我表达，它采用的方法是把自己在经验科学中的所有形式排列成有序的知识。德国唯心主义的哲学全书讲述的就是这个主体－生命的'历史'。"当然，它之所以能完成这次"精神（历史）"对"科学"的收编，绝不仅仅只因为它是现代最"逻辑"（因而最有历史涵盖力）的以"哲学"名义而存在的"系统"，还因为它作为指导思想和原则"在 19 世纪和 20 世纪极大地影响了那些新兴国家（包括美国——引者）的高等教育组织"。利奥塔尔借助 1807—1810 年间负责柏林大学成立的普鲁士教育大臣洪堡的视角看到，在这一历史进程开端处，"科学、民族和国家之间的关系引出一种完全不同的构思"：一方面，大学应该"把科学当作科学来研究"，为科学而科学，为真理而真理，"科学机构'自我生存并且不断自我更新，没有任何束缚，也没有任何确定目的'"；另一方面，作为一种

---

① ［法］利奥塔尔：《后现代状态》，车槿山译，南京：南京大学出版社 2011 年版，第 3—4 页。

"语言游戏"的"科学话语"以及旨在实现"科学话语合法化"的"叙事"或"哲学"又不能真正独立于"民族精神"和人民的实际历史需要"自我生存","大学应该把自己的材料,即科学,用于'民族精神和道德的培养'","教育大臣洪堡面临重大的冲突,它让人联想到康德的批判在认识和愿望之间造成的断裂。这是两种语言游戏的冲突:一种游戏是由仅属于真理标准范畴的指示性陈述构成的;另一种游戏则支配着伦理、社会和政治的实践","然而,对洪堡的计划所追求的教育来说,这两类话语的统一是必需的,这种教育不仅要让个人获得知识,而且还要为知识和社会建构充分合法的主体。""这只可能是一个正在建立经验科学话语的合法性和民间文化机构的合法性的元主体。它通过阐述这两种合法性的共同基础,实现它们没有明确说出的目标。这个元主体的居住地是思辨的大学。实证科学和人民只是它的雏形。民族国家本身只有通过思辨知识的中介才能有效地表现人民。"[①]确切地说,"民族国家"只有通过"自由叙事"才能表述"人民";而"民族国家"(甚至包括整个政治叙事)本身则被关于理性的"哲学叙事"的元主体思辨地吸纳为自身辩证发展的材料。这个元主体就是康德的"理性"、费希特的"自我"和黑格尔的"精神",这个现代叙事的

---

① [法]利奥塔尔:《后现代状态》,车槿山译,南京:南京大学出版社2011年版,第115—121页。

元主体的"思辨性"并不是表现在其抽象的先验逻辑形式上，而是表现在其整合政治话语和科学话语的强大历史韧性上。

科学话语的绝对权威从来就不是封闭地以纯粹逻辑或数学的标准构造起来的，然而在它通过与社会历史话语（叙事）的交流和循环培养起自身的绝对（理性）权威之后，便通过"存在的遗忘"（海德格尔语），逐渐忽略了自身在起源中与"叙事"的辩证生成，忽略了"语言游戏"的"对话"特征，僭越地认为自身可以成为"语言游戏"的立法者，以至于"用科学自身的标准衡量，大部分叙事其实只是寓言"。所以"现代世界"中的科学危机必然伴随着"叙事"的危机，甚至可以说，"科学危机"只是表象，其本质正是"叙事危机"。

第五章

历史话语的结构与历史"发生"的叙述

阿尔都塞的结构主义是一种方法,结合二战后黑格尔－马克思历史方法在法国哲学中的影响来看,它本质上是一种"历史方法",它强调历史真实性的本质在于经验叙述的结构性、系统性和完整性,这种观点在当时法国复杂的意识形态环境中,显示出难能可贵的科学性和客观性,尤其是,它对于萨特所代表的存在主义将历史"体验化"的趋势,是一种辩证的补充、克服和扬弃。萨特的存在主义思想源自胡塞尔和海德格尔的现象学,而胡塞尔现象学的开山之作《逻辑研究》虽然以对"心理主义"的批判闻名,但实质上从现象学后来的发展来看,现象学话语摆脱不了它的心理学起源,例如海德格尔在《存在与时间》中对各种情绪和心态的分析,萨特的《情绪理论纲要》以及《存在与虚无》中对各种现象学的"充实经验"(心理体验）的"精神分析"。现象学话语对心理学话语的这种结构性依赖，并不是只靠胡塞尔现象学的"先验性"和"观念性"就能克服，从辩证法的角度看，它只有通过贯彻一种"历史方法"，才能从哲学上摆脱这种依赖——这也正是后来德里达在他的《胡塞尔哲学中的发生问题》甚至整个"解构"思想中提出的当代哲学真正的核心问题。

其实萨特已经意识到了，现象学这种将历史"还原"为心理体验的做法，在方法层面是先天不足的，他晚年试图在《辩证理性批判》中弥补这种不足，《辩证理性批判》的序言《方法问题》就是他对这个问题给出的最明确的反思，即现象学和存在主义在历史叙述上过度依赖主观心理体验而缺乏方法上的客观逻辑的缺陷，只有借助于对黑格尔－马克思的整体历史方法的深入挖掘才能得到克服。不过，萨特的哲学思想，起源于现象学，因而也无法从根本上摆脱对心理体验的依赖，对"历史"的"整体性"和"系统性"的方法上的反思，在当时的法国，实际上是由在20世纪60年代达到巅峰的"结构主义"完成的。法国的"结构主义"思想虽然涉及语言、心理、文化等多个领域，但其在方法上的特征却是明确统一的，那就是将主观的"意识""精神""（心理）体验"纳入到其得以生成的"经验结构"如"语言""文化""社会"中去加以系统的分析，从而不像现象学（尤其是海德格尔）那样，在历史层面完全依赖"历时性"体验，而是在"历时性"与"共时性"的辩证法中更加完整地建构起"历史经验"的"真实性"——事实上，对任何时间上"连续的"的"体验"的语言叙述的"真实性"的采信，都是以忽略使这种体验得以呈现出来的语言的共时性结构为代价的。

一、阿尔都塞：历史叙述的问题结构

1

阿尔都塞的《保卫马克思》中的《论青年马克思》一文有一个不可替代的优点，就是把他的结构主义的方法和一个当时争论得非常激烈的具体哲学史问题，即青年马克思的哲学思想和马克思的"哲学体系"之间的关系如何融合得非常紧密。哲学的方法如果脱离了对于具体的哲学史问题的讨论，就显示不出它的系统性和精密性。这篇文章有对自己研究方法的说明，又在这个具体的问题上提出了很多独到的新的分析和描述。这篇文章的方法，表现在一些"核心概念"的"结构"中：总问题、真实历史、意识形态环境、结构。

如果我们要以阿尔都塞的"总问题"概念思考马克思的"思想开端"，那我们应该怎样分析和叙述这个开端呢？"1831年黑格尔去世以后黑格尔体系面临解体，当时的德国相对于法国和英国而言是最受意识形态压迫的,在一个被意识形态笼罩的现实下马克思选择挣脱这个束缚。"这是一个典型的"教科书叙事",这可以作为马克思的哲学思想的"开端"吗?马克思的思想开端所处的意识形态环境是怎样的呢?这个时代环境与马克思的文本、马克思的时代体验、黑格尔的文本、青年黑格尔派的哲学和政治主张、那个时代的革命实践,与我们对那个时代和马克思主义起源的理解,以及我们表述这种理解时所使用的哲学观念和哲学语言分别都是怎样的关系呢?对于马克思的哲学思想的开端的更真实的历史认识,需要我们从具体的历史材料当中,对他所处的意识形态环境进行更精确、更接近于思想史层面的描述。阿尔都塞的"意识形态环境"概念的宝贵之处,就在于它是很接近于真实历史的一种意识形态概念,是一种微观的、具体的、历史化的意识形态概念。比如我们就不能够用唯物主义唯心主义或者资产阶级无产阶级这些简单的约定俗成的话语去描述马克思的那种具体的意识形态环境。此外,真实历史的认识也绝不仅仅是重新退回去进行"同情的理解"这么简单的事情。即使是在一篇文本当中,"作者的思想"也是在辩证发展的,不是我们抓住他的一两句话或者一两个观点就能理解的,我们应该辩证地、动态地以整个"意识形态结构"和"话语结构"去看待和分析"整个文本",在动态和辩证的分析当中去慢慢地争取叙述出"作者"的这个"真实的总问题"。

对历史的研究要在一个真实的总问题的概括下，形成一种体系的叙述。比如说青年马克思的哲学思想，我们如果要真实地叙述，就不能离开马克思想要解决的那个问题，当然这个对于总问题的叙述不一定直接存在于马克思的文本当中，更不可能直接存在于马克思的时代体验当中。我们只能通过对于这些因素，包括其他相关历史因素的综合的叙述，形成我们对于那个时代的意识环境当中马克思所面对的"总问题"的叙述。

阿尔都塞从他的老师巴什拉那里借取了"认识论断裂"的概念，并经由朋友雅各·马丁将之锻造为自己重新从总体上理解和表述马克思的历史唯物主义思想的核心概念，即"总问题"或"问题结构"："所谓'总问题'，是指理论形态的特殊统一性，它是在特定的时代被历史地创造出来的支配性的思维结构，它明确地限定理论思维的可能性及其界限。有时候，人们也许并没有认识到这种思想和思维，但'总问题'却从背后支配和决定各具体问题的意义和形式，确定着这些问题的答案。"①

阿尔都塞从对青年马克思哲学思想的研究中，用非常清晰的理论语言提炼出了（马克思的）"思想整体"和"总问题"（problematic，又译问题式，问题框架）的概念，用以处理复杂的历史经验中"真理的形成"问题，这个概念不仅仅是从马克思的"文本"通向"（青年）马克思的哲学思想"的一个方

---

① 张羽佳：《阿尔都塞》，西安：陕西师范大学出版总社2017年版，第44页。

法中介，而且也可以充分融入对在"实践"基础上形成的"时代精神"和"世界历史"的思考：

"1.每种思想都是一个真实的整体并由其自己的**总问题**从内部统一起来，因而只要从中抽出一个成分，整体就不能不改变其意义。"① 对历史的研究的深入过程，就是这个"总问题"在哲学上越来越清晰地被意识到，在理论语言中得到越来越清晰的表述的过程，也就是作为一个时代的时代精神的精华的"哲学"逐渐形成的过程，"它们不是**绝对真理**，而是**相对真理**。它们只是作为某一问题的合理立场的条件才成为**真理**，也就是说，作为通过这个问题产生出真正的答案的条件才成为**真理**。……正是在这一条件下，马克思主义才能认识**自身以外的它物**，不仅能认识作为它物而存在的自身成长过程，而且能认识历史上产生的所有其他变革，包括马克思主义的出现在历史实践中导致的种种变革在内。"②

每一个时代的"总问题"，即哲学问题，并不是以现成的、已经完成了的逻辑形态即"语言"的形式存在于反映这个时代的历史文本中，甚至也不是**直接**以理论或哲学的形式存在于"现在"的哲学和科学话语中，而只能存在于通过"现在"的理论语言对这个时代的历史文本中的**新的社会经验作系统解释**，

---

① [法] 阿尔都塞：《保卫马克思》，顾良译，北京：商务印书馆2016年版，第43页。
② [法] 阿尔都塞：《保卫马克思》，顾良译，北京：商务印书馆2016年版，第43页。

来重新提出关于这个时代的时代精神的"总问题"的**过程**中。

"2. 每个独特的思想整体（这里指的是某个具体个人的思想）的意义并不取决于该思想同某个外界**真理**的关系，而取决于它同现有**意识形态环境**，以及同作为意识形态环境的基地并在这一环境中得到反映的**社会问题和社会结构**的关系；每个独特思想整体的**发展**，其意义不取决于这一发展同被当作其真理的起点或终点的关系，而取决于在这一发展过程中该思想的变化同整个意识形态环境的变化以及同构成意识形态环境基地的社会问题和社会关系的变化的关系。"[1]

"3. 推动独特思想发展的主要动力不在该思想的内部，而在它的外部，在这种思想的此岸，即作为具体个人出现的思想家，以及在这一个人发展中根据个人同历史的复杂联系而得到反映的真实历史。"[2]

在我们叙述"历史"的过程中，"时代精神"或"意识形态"是无法回避的问题，是我们一定会有意识或无意识使用的方法；每一种思想和理论都可以看作是对一个时代所面对的最根本的社会问题的回应，而那些真正具有历史性的理论（"时代精神的精华"、哲学），则可以被认为是真正切中了这个时代最核心的社会问题。不过，既然"思想整体"的真理性最终取

---

[1]［法］阿尔都塞：《保卫马克思》，顾良译，北京：商务印书馆2016年版，第43页。
[2]［法］阿尔都塞：《保卫马克思》，顾良译，北京：商务印书馆2016年版，第43页。

决于它与一定时代社会问题的关系，那么历史叙述的语义学实体就不一定是"某个具体个人"——例如"笛卡尔"，如果我们要把欧洲近代的"理性主义哲学"理解为"资产阶级哲学"，我们就必须不满足于叙述笛卡尔的"哲学理论"，或者说，不满足于认为署名笛卡尔的文本构成了某个抽象的"独特的思想整体"，而应该把这些文本的理论总体化解释和这个时代社会关系的变革以及社会问题的凸显过程结合起来加以叙述，并把前者叙述为后者的结果："如果说我在这里不提到在其工作中被具体化和被发现的那个人，那是因为一个时代的哲学远远超出了——不管哲学家如何伟大——赋予它最初形态的哲学家。但是，与此相反，我们将会看到，对那些特殊学说的研究和对各种哲学真正深入的研究是不可分隔的。笛卡尔主义阐明了时代，并把笛卡尔置于分析理性的总体发展之中；从这点出发，作为个人和哲学家的笛卡尔在18世纪中叶之前就已阐明了新的合理性的历史的（因而也是特殊的）意义。"[①]"传记"意义上的"个人"不能被建立为一种理解历史的抽象原则，但在我们理解历史的过程中，"个人"的存在，包括他的欲望、谋略等各个存在方面，都可能会成为改变我们现有的历史知识的突破口，使我们不断地修正我们对于历史的既有解释。

[①]［法］萨特：《辩证理性批判》上卷，林骧华等译，合肥：安徽文艺出版社1998年版，第7页，注释2。

2

阿尔都塞试图从青年马克思与他的时代的"意识形态环境"的"对话"关系中去理解马克思主义哲学思想的"起源"。这种"意识形态环境"不仅涉及19世纪德国的精神文化氛围（如黑格尔哲学在当时的德国是否构成一种统治性的"官方哲学"？它在当时德国思想界的**实际地位**如何？）、德国在经济和政治上相对于英法的落后状态及其对当时的德国知识分子形成的思想压力等宏观层面，而且也涉及马克思个人的"直接经验"得以形成的微观层面（如马克思是带着怎样的"问题意识"甚至怎样的个人情绪去读黑格尔的《精神现象学》和《法哲学原理》的？他提到和引用这些著作时是想要和谁辩论？）。马克思哲学思想的起源，就是马克思在他那个时代的"思想世界"中的"出现"，马克思这种崭新的哲学思想是与一个崭新的、但是在本质上却是完整的、自成体系的"资本主义时代"一同出现在世界历史中的。对马克思思想中异于整个"西方哲学"传统的这种"崭新"特征的理论分析应该以对整个"资本主义时代"的叙述和分析为背景，或者简单地说，马克思主义的"出现"表现为马克思（恩格斯）在思想上与他的时代的一种复杂的互动关系：

"因为**人们不能选择自己的开端**。马克思既没有生下来就要当思想家，也没有选择要在德国的历史都集中于大学教育这样的意识形态世界中进行思考。……事实是确实有一个开端，为了叙述马克思个人的思想发展史，必须从青年马克思这个具体个人在他所处时代的思想世界中出现，在其中开始思考，并同当时的思想进行交流和辩论的那一刻起，立即抓住马克思的思想运动。"[1]

也就是说，马克思的哲学思想是在与一个历史世界的互动的过程中逐渐生成出来的，我们既不能脱离这个历史世界去建立一个抽象的马克思的哲学思想的体系，也不能把马克思的哲学思想和问题意识完全还原和稀释到这个历史世界中去，而只能在对马克思的哲学思想的理解过程中通过具体的辨别和分析去建立对这个历史世界的叙述。

例如，在对这个历史世界的叙述中会涉及一些人物，如黑格尔、费尔巴哈等，但他们却不可能以"传记"意义上的历史的方式对马克思哲学思想的形成发生影响，而只能以一种抽象的"思想影响"（批判地继承）的方式，在马克思的思想中构成一种非体系化因而是不真实的存在。所以，用马克思主义的观点理解黑格尔的"哲学思想"，是理解马克思本人的哲学思想和马克思主义哲学的"起源"的一个必不可少的环节，然而这种理解，却不是要去还原一个纯粹文本中的黑格尔，更不是在文字上"翻译"署名为黑格尔的"著作"，而是要结合马克

---

[1] [法]阿尔都塞：《保卫马克思》，顾良译，北京：商务印书馆2016年版，第44页。

思在其思想形成过程中的"问题意识",在具体的历史问题中把黑格尔的哲学观点表述为马克思哲学思想和问题意识形成中的起源性环节,并且在与之"对话"的过程中依据马克思的文本把马克思的哲学思想体系化:

"这项方法上的要求首先意味着,必须对这一意识形态环境的本质和结构具有真正的认识,而不是虚假的认识。它还意味着,人们不能满足于把意识形态世界想象成一个不偏不倚的舞台,听任一些根本不存在的名人由于偶然机会而在这里同台表演。……我可以说,青年马克思在写博士论文时与之辩论的黑格尔,不是我们在 1960 年安静地在图书馆里所想象的那个黑格尔,而是**新黑格尔主义运动的黑格尔**,是被请来为 40 年代的知识分子研究自身的历史和希望提供思想武器的黑格尔;这是已经被弄得同自己发生了矛盾的黑格尔,是被别人违背他的意志、引证他的话来反对他自己的黑格尔。"[①]

3

阿尔都塞在学生时代就"完全被黑格尔的《精神现象学》和《逻辑学》迷住了","青年阿尔都塞赞同黑格尔关于真理的内容只有在历史中才能显现的观点,认为哲学只有通过主体的解释才能生成于历史的世界中。阿尔都塞还认为,人类的历史

[①] [法]阿尔都塞:《保卫马克思》,顾良译,北京:商务印书馆 2016 年版,第 45—46 页。

恰恰是为了认知虚无而进行的意义深远的斗争，在开端处的虚无性，通过时间化的过程而在历史的终结处获得了真理的要素和现实性，获得了存在的真理性"，"阿尔都塞完全站在马克思的立场指出，问题的关键并不是把真理赋予经验的存在，而是把经验的存在引向它自身的真理，哲学家总是试图解释世界，但真正具有历史意义的行为却是通过行动改变世界。……从某种意义上，马克思主义可以被认为是这样一种运动，它通过对经济范畴的重新占有而重新恢复了人类事务的多样性，用黑格尔的语言，它的实质是通过经验而对先验重新占有，通过内容而对形式重新占有，通过历史而对自由重新占有。"①

据阿尔都塞自己说，他最著名的"多元决定论"实际上只是他在找不到恰当的理论语言来描述马克思的历史唯物主义思想与黑格尔历史哲学的根本差别时，所采取的一个权宜性的术语："我并不坚持要用**多元决定**这个术语（它是从别的学科借用的），在找不到更恰当的术语的情况下，我只能用它来指出一个事实和提出一个问题：它还可以使我们看到，我们这里所说的矛盾完全**不是黑格尔的矛盾**。"②"例如，在讲述意识'经验'及其辩证法（最终导致绝对知识）的《精神现象学》一书

---

① 参见张羽佳对阿尔都塞《论黑格尔哲学中内容的概念》一文的分析，见张羽佳：《阿尔都塞》，西安：陕西师范大学出版社总社2017年版，第33—37页。
② ［法］阿尔都塞：《保卫马克思》，顾良译，北京：商务印书馆2016年版，第78—79页。

中，矛盾在表面上似乎不是**简单的**，而相反是极其复杂的。似乎只有第一个矛盾，即感性意识与其知识的矛盾，才勉强可算简单矛盾。但随着对意识生产的辩证法更加深入的研究，意识的内容就变得愈丰富，矛盾也就变得愈复杂。然而，我们可以指出，这种复杂性不是**真正多元决定**的复杂性，它只是徒具多元决定的外表，实际却是**内在化**的积累。"①

实际上阿尔都塞在"多元决定论"这一主题下要处理的是"历史经验的复杂性"问题。在他看来，《精神现象学》的辩证法只是一种（主体）认识论（内在化）的辩证法，还不是真正的"历史辩证法"。阿尔都塞还用（胡塞尔）现象学的方法对《精神现象学》当中"精神"的历史性作了深入细致的现象学还原，试图借助"时间意识"的分析，把"过去"中未能充分意识化的神秘性的内容，全部还原为其在"现在"中发挥作用的形式：

"因为，意识在其演变过程的每个阶段上，都通过它以往本质的各种回音，通过相应的历史形式**在现在形式中的潜存在**，体验和感受自己的本质（它同意识所已达到的程度相一致）。……但是意识的这些过去**形态**以及与这些形态相适应的潜在世界从不作为**不同于现在的意识的真实决定因素**去影响现在的意识：它们只是作为过去在现在中的**回音**（回忆、历史的

---

①［法］阿尔都塞：《保卫马克思》，顾良译，北京：商务印书馆2016年版，第79页。

幽灵），即作为**预期**或**暗示**，而同现在的意识发生关系的。这是因为过去无非是它所包括的未来的内在本质，意识的过去存在也就是意识自身的存在，而**不是在意识之外的一种真正的决定因素**。"①

"过去"与"现在"的时间距离，正是历史叙述中"抽象"和"具体"的逻辑距离："如果我们回过来看黑格尔，我们就会发现，在黑格尔那里，过去的残余作为'已被扬弃了的东西'，归根结蒂总是回忆的一种方式，而回忆又仅仅是**预期**的反面，……同样，在历史的每个阶段，过去总是以回忆以往的形式、即以许诺现在的形式，而作为'残余'存在。所以，**过去既不是黑暗又不是障碍**。它总是可被现在所同化的，因为它预先已被同化了。"②

在以《精神现象学》为基础的历史哲学体系中，黑格尔以"精神"和"理性"的概念实现了"过去"与"现在"之间的连续性和统一性叙述，仿佛人类自由和理性之梦串起了整个世界历史："当希腊竭力促使自己灭亡以便让未来的罗马诞生时，希腊已经不知不觉地成了罗马，处在罗马中的希腊绝不阻碍罗马。"③

---

① [法] 阿尔都塞：《保卫马克思》，顾良译，北京：商务印书馆2016年版，第79页。
② [法] 阿尔都塞：《保卫马克思》，顾良译，北京：商务印书馆2016年版，第92页。
③ [法] 阿尔都塞：《保卫马克思》，顾良译，北京：商务印书馆2016年版，第92—93页。

在阿尔都塞看来，"过去"并不能像在黑格尔的历史哲学中那样，作为一种总体性"精神"的"回忆"或"残骸"，作为一种抽象的自我同一性存在；而应该像马克思（例如在《路易·波拿巴的雾月十八日》中对"招魂"的分析）那样，具体分析"过去"在"现在"中所发挥的社会实践功能："过去"总是构成了人们对"现在"实施变革的思想来源，"所以，现在不仅能够从过去的影子中吸取养料，它甚至用过去的影子去启示未来。"① 而马克思使用的"扬弃"这个概念"同那种在历史上图省事的辩证法是毫不相干的。马克思认为，过去不是一个影子，甚至不是一个'客观'的影子，而是一个积极、能动、具有严密结构的现实"②。

马克思的历史唯物主义理论，并没有停留在把"历史"当作一种沉浸在"过去"的"回忆"，而是把它作为一种积极在社会实践中发挥着"系统化""总体化"作用的、"正在形成"的"现实"去看待的：重要的不是抽象的"历史真相"，而是处于社会实践中的人们是怎样以"历史"的名义达成了对社会结构的改变。这样就在历史叙述中真正实现了历史唯心主义不可能实现的以"未来"为中介的"过去"和"现在"的辩证法。

依赖于现象学的方法，我们也许可以将"意识经验"的辩

---

① [法] 阿尔都塞:《保卫马克思》，顾良译，北京:商务印书馆2016年版，第93页。
② [法] 阿尔都塞:《保卫马克思》，顾良译，北京:商务印书馆2016年版，第93页。

证法"还原"为一种同样抽象的"时间辩证法",但只要我们还是没有跳出黑格尔将历史的本质理解为"意识经验"的"精神现象学"思路,没有反过来将"意识经验"理解为一种随着社会实践的变化而逐渐被生成出来的社会历史经验,没有依托历史文本,沿着同一条时间线索将社会结构的**变化**和意识经验的**生成**精确地描述出来,我们就依然不能令人满意地解决这个问题,因为历史经验的复杂性本质上就是社会实践的复杂性,它是不能以决定论("一元决定"或"多元决定")这样的认识论语言来处理的:"决定"问题,如果真的构成一个值得讨论的历史问题的话,也只能放在我们对具体历史实践经验的分析中来讨论。

4

"要看见那些不可见的东西,要看见那些失察的东西,要在充斥着话语的言说中辨认出缺失的东西,在充满文字的文本中发现空白的地方,我们必须依靠某种完全不同于直接注视的方式;我们需要一种新的注视,即有根据的注视,它是由'视界的变化'产生的对正在起作用的视野的思考而发展出来的,马克思把它描绘为'问题框架的转换'(transformation of the problematic）。"①

"总问题"在文本中既有其可视的一面，也有其不可视的一面，所谓历史，就是依据文本可视性的逻辑辩证地生成出其不可见的"总问题"的过程，是真正有着历史整体意识的哲学家依据这种历史在其自身的时代中生成（提炼）出新的哲学话语的历史叙述实践：

"我建议，我们不该用直接的阅读方法来对待马克思的文本，而必须采取根据症候阅读的方法来对待它们，以便在话语的表面连续性中辨认出缺失、空白和严格性上的疏忽。在马克思的话语中，这些东西并没有说出来，它们是沉默的，但它们在他的话语本身中浮升出来。"②

"在这种阅读中，阅读不再是一个直观的'看'的过程，含义与文本也不再是镜像的关系，好像一打开书，意义就一目了然地显示出来。事实上，这种阅读观更加强调对文本思想的内在追踪，通过阅读，使文本的空白以及内在矛盾自然地呈现出来，从而产生新的理论视域和问题结构。"③

---

① Louis Althusser, *Reading Capital*, Translated by Ben Brewster, London: NLB,1970, p.27. 转引自金瑶梅：《阿尔都塞及其学派研究》，重庆：重庆出版社 2010 年版，第 103 页。

② Louis Althusser, *Reading Capital*, Translated by Ben Brewster, London: NLB,1970, P.143. 转引自金瑶梅：《阿尔都塞及其学派研究》，重庆：重庆出版社 2010 年版，第 102 页。

③ 张羽佳：《阿尔都塞》，西安：陕西师范大学出版总社 2017 年版，第 60 页。

"马克思不是从外部干预，给古典著作附上一种语言，使古典著作的沉默得到揭示，相反，正是古典著作本身告诉了我们它所沉默的东西。在这里，古典著作所沉默不语的东西并不是它看不见的东西，它之所以保持沉默，是因为它旧有的'总问题'规定了它的'视野'，这个'视野'决定了有些问题必然作为一种'非对象'而存在于理论的暗角之中。"[1]

虽然阿尔都塞的"症候阅读法"有其精神分析学的来源，但这并不代表我们可以用弗洛伊德和拉康式的心理学方法来对待马克思的文本，这些文本的"历史"意蕴使我们不能把这些文本纳入到（主观）心理话语的范畴中去分析；而只有当我们能够在对"缺失、空白"的"辨认"中建立起一种逻辑精确性不亚于其文本话语的"表面连续性"的"沉默（历史）"的"深层"连续性时，我们才有权利说出马克思的文本中"并没有说出来"的东西。——这个以"空白"和"沉默"的连续性取代文本表面的连续性的"考据"过程就是真正科学的"历史"形成的过程。这个"辨识（考据）"过程的本质就是把"文本话语"还原为"历史话语"："文本话语"自身不具有内在的逻辑连续性，其"逻辑"只是在被"解读"的历史过程中形成的，甚至可以说，"文本"本身只是"解读"的"历史"构成出来的逻辑连续性的表征。既然文本本身并不具有逻辑完整性，因

---

[1] 张羽佳：《阿尔都塞》，西安：陕西师范大学出版总社2017年版，第61页。

而也就不可能是"历史"的真正起源地，所以历史本质上只能是理论话语对文本进行"切入"和"逻辑整合"的产物。

"文本"中存在着"历史"吗？要遵循怎样的方法才能从文本中确立"历史"呢？——文本不能被理解为作者抽象的（独白的）"写作意识（构思）"的产物，而是文本自身"产生"的时代与之后时代"对话"的"平台"，科学的历史学（考据）的本质恰恰就在于，把"文本"从"作者视野"中辩证地分离出来，纳入客观存在的"历史"之中——然而这个过程却不可能仅仅通过对"文本"进行经验性的语言分析来实现，而必须在某种新的、系统的、富有表现力的甚至是"诗化"的"写作意识"的基础上才有可能展开。

我们可以把话语（系统）作为历史的一极，把文本作为历史的另一极。一方面我们不能够对文本做简单粗暴的系统化处理，另一方面我们也不可能完全脱离话语系统（问题结构）来处理文本。所以，我们如何才能达到历史叙述的真实性呢？我们只能够在这两者之间力求一种平衡。怎样构造出一套无声的话语呢？显然只能通过对于文本叙事的一种再结构化、再组织化、再主题化、再系统化。对于那些已经被编织到话语当中去的文本，我们总可以找到它和话语之间的"历史缝隙"。这个缝隙可以作为再结构化的一个"开端"或者突破口，无声的话语不能够是一种简单的个人体验，如果它要揭露出比单纯的意识形态话语更深层次的"真实历史"的话，它必须更精确地描述体验，同时在描述这个体验的辩证运动的过程当中，建立起一种更加微观、更加具体、更加真实的历史结构。

我们对文本作"话语分析"，实际上意义仅仅在于我们不能够把对"历史规律"的描述过于简单地意识形态化，好像在资本主义时代，资本就支配了一切事物的运动——尽管从总体上说是这样的，但是在某一个具体的领域，某一个具体事件甚至某一个具体的文本中，历史运行的规律又是复杂的。文本最能够充分地表现出历史运行的这种复杂性。只有脱离了所谓的"元叙事"，也就是一套抽象的没有什么经验描述力的概念框架，借助于对文本的结构分析，形成一种新的历史化话语，才能叙述出真实的历史。而且，如果我们要在语言和叙事的水平上谈论历史的真实性问题的话，应该把文学文本，哲学文本和历史学文本放在同一个真理的水平线上来看待，文学当中也可以反映历史，甚至可以反映历史的结构和规律，这种反映的"真实"程度并不受文本的"文学形式"的影响，而是和"历史叙述"一样，其真理性取决于其"话语结构"的"系统性"。

二、德里达："(历史)发生"的分析

1

在收录于《书写与差异》的《从有限经济学到一般经济学——一种无保留的黑格尔主义》一文中，德里达借助对乔

治·巴塔耶的论文《黑格尔、死亡与献祭》的分析，深刻地揭示了黑格尔辩证法思想的系统性与其历史运动之间的关系："黑格尔思想的那种相互关联性到了除非在构成了其意义连贯性的运动必然性中去理解它否则就捉不住其意义的程度。"① 在经历了"语言学转向"的当代西方哲学家中，德里达对于黑格尔历史观中的"辩证法"原理做了少有的准确的、理论化的说明。他发现，否定辩证法在即便是"历史叙述"最小的意义单元中也会显露出来，因而是任何有"意义"的"历史"得以形成的语言学基础：

"在那种话语中（即过程与系统相统一的那种话语），否定性总是肯定性的反面与同谋。人们只能——永远只能在意义的这种纹路中谈论否定性。"② 这是一种由"时间（历史）"的运动和发展编织起来的"否定"的"意义"的哲学。

相比之下，德里达在批评福柯的《疯狂与非理性：古典时期的疯狂史》一书的方法时，对福柯的历史方法的理解（"解构"），就显得更加尖锐。在客气地赞美了福柯的写作风格之后，德里达质疑了（或者说通过辩证的分析揭示了）福柯（在黑格

---

① ［法］巴塔耶:《黑格尔、死亡与献祭》,《杜卡利翁》1955 年第 5 期,转引自［法］雅克·德里达：《书写与差异》,上册,张宁译,北京：生活·读书·新知三联书店 2001 年版,第 454 页。
② ［法］雅克·德里达:《我思与疯狂史》,见《书写与差异》,上册,张宁译,北京：生活·读书·新知三联书店 2001 年版,第 466 页。

尔式的西方哲学的历史传统内部）书写"沉默的历史"的不可能性，因为在"西方哲学"内部，"历史"的概念是和"理性（话语，logos）"的概念融为一体的：

"然而首先要问的是，沉默本身有历史吗？接着要问的是，考古学，即便是沉默的考古学，难道不是一种逻辑，一种有组织的语言，一种方案，一种秩序，一种语句，一种句法，一种'作品'？"① 因为当前还活着的西方传统中的"历史"本质上是一种源于黑格尔的理性历史观，这种理性历史观是与黑格尔的"辩证逻辑"融为一体的，它只有在一种（关于"历史"的）辩证逻辑的完形结构（"语言"）与具体的、个体化的"历史经验"（"时间体验"）的辩证张力中才能存在。德里达深刻地意识到了黑格尔理性历史观对于"西方"的不可超越性："全部历史说到底都只能是意义的历史，即一般大写的理性的历史，这一点福柯不可能没有体会。"② "理性秩序无法逾越的，独一无二的，至高无上的伟大，那种使它不只是一种**事实**秩序或结构，不只是一种被规定了的历史结构和任何可能的结构之一者，正是那我们不得不借助于它来反抗它，在它之中质疑它的东西；……对理性的革命只能在理性中进行，这与黑格尔某种

---

① ［法］雅克·德里达：《我思与疯狂史》，见《书写与差异》，上册，张宁译，北京：生活·读书·新知三联书店2001年版，第58页。
② ［法］雅克·德里达：《我思与疯狂史》，见《书写与差异》，上册，张宁译，北京：生活·读书·新知三联书店2001年版，第55页，注释1。

想法相合，我对福柯书中的这一点颇为敏感，虽然书中对黑格尔没有具体的引用。"①

　　德里达与黑格尔的思路非常接近，他们（在不同时代）分别系统地分析了"历史"概念的"先验（系统）性"与"时间性"的辩证结构。如果说在19到20世纪存在着一种"历史哲学"，那么黑格尔构成了这种哲学的"（古典）开端";②如果我们要叙述这种历史哲学，就必须"悬搁"古典文本的先验的超历史特权，赋予现代文本和古典文本在历史分析上同样的细致性，在通过文本分析同样"穷尽"两者的"历史意蕴"的过程中提炼出"历史叙述"的真实概念。——而这在"西方哲学"传统内部是不可能完成的，因为在一种传统内部，不可能给予"现代"文本与"古典"文本同样的历史地位，而只能把"现代"文本诠释为"古典"文本的衍生物，从而不可能对"现代"形成与"古典"同样清晰完整的逻辑系统（话语结构），这也就是为什么怀特海说全部西方哲学都只是柏拉图哲学的注释，我们也可以在和怀特海同样的意义上说，如果存在着一种"现代历史哲学"，或者至少存在着一种对"历史叙述"概念的系统分析，那么，它只能作为《精神现象学》的"注释"而存在，

---

① ［法］雅克·德里达:《我思与疯狂史》，见《书写与差异》，上册，张宁译，北京：生活·读书·新知三联书店2001年版，第59—60页。
② 如果说黑格尔分析了"历史叙述"的"理性"的先验结构,德里达则分析了"历史叙述"的"话语（logos）"的"先验结构"。

或者更准确地说,作为它的"注释"不断地生成出来。

2

"我们已经相当清楚地看到,全部现象学已经陷入一种在场的形而上学图式,这种形而上学总是急于使差异改变方向,在这个图式内部,黑格尔学说似乎更加彻底,尤其是他似乎认为积极的无限应该为着分延的不定性的**真实**显现而得到思考(这只有在它能思考自己的情况下才有可能)。黑格尔对康德的批评同样适用于胡塞尔。"①

按照德里达的观点,可以说,黑格尔的哲学思想比胡塞尔(甚至海德格尔)的哲学思想更加"现代",因为它没有"急于使差异改变方向",从而敢于真正贯彻将"真理"作为一种"真实体验"加以分析的"现象学精神",在历史的"真实结构"中"显现"了作为"差异"而存在的"历史经验"。相比之下,海德格尔对"存在与此在(《存在与时间》)"的分析,胡塞尔对"意向性(逻辑感觉化)"的分析,反而更简单、更抽象地滑回到"在场形而上学"的传统抽象二元对立(无限与有限、理性与感性)的轨道中去了。而黑格尔的"精神现象学"则建立了西方哲学中第一个"历史叙述"的"结构",因为它是在

---

① [法]雅克·德里达:《声音与现象》,杜小真译,北京:商务印书馆1999年版,第130页。

更清晰、更系统地展现能够代表西方哲学"传统"的"在场的形而上学"的"结构"的同时尝试着突破这种结构，因而也是唯一有"真实"的希望突破这种结构的"现代哲学"。

例如，关于"无限"对"有限"通过"死亡意识"进行目的论渗透从而成为一种"经验"的结构，是海德格尔《存在与时间》中最出彩的篇章，"向死而生"甚至成为存在主义哲学的标志性口号，但它同样也是黑格尔在《精神现象学》中论述过的主题，黑格尔虽然没有从总体上论述"存在与时间"的关系，却试图在一个"时间（时代）图式"中通过分析"自我意识"是如何在"死亡意识"和"存在意识"之间辩证地生成"历史经验"的（如"主人和奴隶的辩证法"）来建立一种"历史叙述"的"真实结构"：

"作为无限分延的理念的显现只能在对一般死亡的关系中才能产生。只有对我的死亡的关系能够使在场的无限分延显示出来。同时，若与积极的无限的理想性相比较，这种对我的死亡的关系变成为有限经验性的事故。"[①]

德里达用"解构主义"的语言勾画了从黑格尔到海德格尔的"历史叙述"概念形成，他用"在场"来描述黑格尔的"理性（绝对知识、绝对精神）"和海德格尔的"存在"的形而上

[①] [法] 雅克·德里达：《声音与现象》，杜小真译，北京：商务印书馆1999年版，第130页。

学历史叙述的"话语（logos）中心主义"的结构：

"在场的历史是关闭的，因为'历史'从来要说的只是'存在的呈现'，作为知和控制的在场之中的在者的产生和聚集。因为完全的在场具有作为在意识对自己绝对在场的无限本性，绝对知的实现就是'无限'的结束，这个结束只能在一种没有分延的声音中的观念统一，逻辑和意识的统一。"[1]

黑格尔的"历史叙述"被封闭在"理性哲学"的"话语"内部，它本质上只是在以理性哲学的（主观刻意的所谓"差异化"的）"自我重复"来遮蔽历史经验的真正实践结构。海德格尔虽然以"存在话语"取代了黑格尔的理性话语来形成历史叙述的结构，但本质上依然是在（尽管是"差异性"的）"重复"在场形而上学的历史封闭结构：

"海德格尔在就纯粹存在作为虚无的那个黑格尔式概念展开的某种对话和重述时写到，'作为存在这个概念之可能性的存在问题是从存在的前概念理解中迸发出来的'，而这种对话和重述不断地深入，而且以那种几乎总是海德格尔与传统的思想家对话的风格让黑格尔的言语即整个形而上学言语（黑格尔包括在其中或者毋宁说在黑格尔身上理解自己的整个形而上

---

[1]［法］雅克·德里达：《声音与现象》，杜小真译，北京：商务印书馆1999年版，第131页。

学）发展壮大并表达自己。"①

3

如果按照海德格尔的观点,西方的"历史"在本源上是关于"存在"的"历史",西方关于"历史"形成的任何语言叙述,在本源上都是对于"存在的真理"的叙述,则黑格尔、胡塞尔（晚期、尤其是"生活世界的现象学"）、海德格尔、德里达所构成的"现代哲学谱系"所代表的思想道路的核心,就在于把"时间"以及本质上由时间构成的"历史体验"引入了这场"真理"与"存在"的对话,这条思路在德里达的思想中表述得最为清晰："逻各斯中心主义"意味着,西方的"历史"本质上不是以对"体验"的精确反映作为叙述的真理性标准,或者说,"体验（经验）"在历史叙述中只有被动的、被（话语）构成的"质料"意义,而历史叙述的能动的"主体",本身只能由"话语结构"决定,"话语结构"在逻辑和存在论上优先于使"体验（经验）"得以形成的"心理结构",所以任何"历史方法"在本质上都是以"话语结构"的分析代替"心理体验"的分析从而形成历史叙述的真理性——这种"历史方法",放在"西方哲学"中看,它的起源就在黑格尔集中表述于《精神

---

① [法]雅克·德里达:《书写与差异》上册,张宁译,北京:生活·读书·新知三联书店 2001 年版,第 246 页。

现象学》和《逻辑学》中的"历史与逻辑相一致"的"辩证法"中，在"话语结构"的意义上，辩证法构成了这种"历史方法"的"真理性"的**全部**基础，并决定了它在西方的**整个**历史命运。

对"历史（体验）发生"概念的分析可以说是贯穿德里达一生哲学思考的一个核心问题。在写作于学生时代、发表于成名之后的《胡塞尔哲学中的发生问题》一书中，德里达通过对胡塞尔现象学话语中先验性与历史性的辩证关系的分析，对（历史的）"发生"问题，作了迄今为止最系统、最清晰的哲学表述，并揭示出"现象学"在处理"历史"问题时的无能为力——除非它能够作为一种致力于描述"历史发生"的经验科学在更深的哲学层次上系统地替代和遮蔽黑格尔对"历史发生"问题的处理方式，即"辩证法"，因为"历史"不能够（哪怕用现象学的方法）还原为人的意识的心理结构（"体验"），而只能够通过某种辩证法的"总体化形式"来构成：

"所有经验发生判断的意义都是建构的对象，因此，从本质上说是不确定的。起码在这一点上，我们会对黑格尔的康德批判准确地预示着胡塞尔的观点感到吃惊，远不是被称为'现象'的排除了验前综合的实在的经验，而是验前综合使全部经验和全部经验意义成为可能。"[①]

[①] [法]雅克·德里达：《胡塞尔哲学中的发生问题》，于奇智译，北京：商务印书馆2009年版，第15页。

第五章　历史话语的结构与历史"发生"的叙述 | 189

"被视为综合的发生问题的趣味和困难恰在于此：发生的意义或发生之存在的绝对原初基础，何以能包含在发生之中，并且经历发生呢？"[①]"如果现象学的原初性之前有人们称之为历史的'原发性'，那么，它如何能够企求意义的原始构成呢？"[②]"在这种辩证法的全部超越中，难道不存在骗局吗？难道人们不会重新陷入形式论吗？人们企图通过使这种辩证法的哲学主题化求助于其先验构成的原初性、意向性和知觉而超越的形式论？现象学的、先验的和原初的时间性，难道不是只是在表面上且从'自然的'时间出发'时间化'和构成的吗？"[③]

德里达认为，虽然"历史发生"或者说"历史经验形成"问题并未在胡塞尔的主要代表作中得到充分的"主题化"，甚至被胡塞尔有意忽视，但它却正是"现象学"在"西方哲学"传统的背景中独特和真实的意义所在。[④]胡塞尔完全意识到了，在"先验现象学"的思路下，"历史发生"问题不可能得到充分主题化，而德里达则在这一点上，沿着胡塞尔的话语，叙述了"现象学"传统中一条虽然隐蔽，但对现代的时代精神影响

---

① ［法］雅克·德里达：《胡塞尔哲学中的发生问题》，于奇智译，北京：商务印书馆2009年版，第15—16页。
② ［法］雅克·德里达：《胡塞尔哲学中的发生问题》，于奇智译，北京：商务印书馆2009年版，第16页。
③ ［法］雅克·德里达：《胡塞尔哲学中的发生问题》，于奇智译，北京：商务印书馆2009年版，第16—17页。
④ 对于现象学的这种独特的"历史意义"，海德格尔哲学比胡塞尔哲学展示得更加清晰。

更为持久、更为有力的思路,这就是从黑格尔的《精神现象学》到海德格尔的《存在与时间》的"历史现象学"的思路。在德里达看来,胡塞尔现象学在哲学上的核心意图,就是奠定科学(理性)的"先验逻辑"的基础,而这就必然要排斥科学(理性)中的"历史"成分,排斥对科学(理性)作为一种"意向性(体验)"的充实的、经验化的历史分析,而现象学相对于传统先验哲学(康德哲学)的唯一方法优势,又仅仅在于对"体验"的"发生"即"意向性"的分析,这使得胡塞尔哲学的目标与其方法背道而驰了。德里达对"胡塞尔哲学"中的"发生"问题的分析,实际上也正是哲学上的"后康德时代"中,黑格尔、胡塞尔和海德格尔共同面对的"现代哲学"的最核心问题:作为科学(理性)方法基础的"逻辑"的"先验结构",如何与其自身的"历史性(时间性)"共存呢:

"意识对象现象或者现象学主题因先验意识而构成,由先验意识所构成,并总是指向先验意识。意向地体验'科学力量'的主体地位将是什么?它自身将是最初的吗?它将是这趋势的绝对吗?该趋势像事件那样突然发生在其历史中。"[①]

[①] [法]雅克·德里达:《胡塞尔哲学中的发生问题》,于奇智译,北京:商务印书馆2009年版,第226页。

4

如果"历史"不是一个纯粹自然意义上的"事实",而是在其本源意义上与"语言"融为一体,不可能事后用反思性语言加以区分的"历史叙述",那么,历史是如何"发生"的就成了一个纯粹的哲学问题:语言有可能精确地在经验层面上描述这种发生的"实在性"或"时间性"吗?

以黑格尔辩证法为隐默的基础,借助现象学的方法,德里达发现了一种分析先验的"(历史)发生"概念的思路,或者说,发现了现象学本质上只能是一种"先验(意向)发生学"或者"历史现象学",它面临的唯一哲学问题只能是勾画出重新"激活""历史发生"的原初"意向性",或者说将历史"显现"为"现在"的不可能性的先验条件:

"始于此创造性起源,发生不是因果的链条,不论是归纳的或是演绎的因果;这涉及的不是始于以前要素的被创造或被演绎要素的历史连接,而是'连续的综合',在其中,所有产生都以这种方式而存在和有效,并形成整体,即可以说,在每一'现在'当中,'整体产生'都是高级阶段的产生的总前提。此运动是整个科学运动。必须重新开始的正是此运动,以重新找到一切科学和整个意向历史学的先验原初性。"[①] "正是在此,

---

[①] [法]雅克·德里达:《胡塞尔哲学中的发生问题》,于奇智译,北京:商务印书馆 2009 年版,第 268 页。

再激活的验前或原则的可能性转变为验前或原则的不可能性，或者起码辩证地与之和解。"①

"历史"，或者具体到一个具体的"历史事件"，是如何"发生"的？有可能以"经验"为依据来"完成"一个"历史叙述"吗？追问历史的"发生"问题，本质上是追溯使"历史经验"得以形成的"时间链条"，还是对使"历史叙述"成为可能的"话语系统"的分析呢？

"任何先验主动性都不能'保留'在意识中已经如此被构成的过去。如果过去的构成与持留曾经是主动的，它们就会像所有纯粹主动性那样被封闭在原初'现在'的现实之中，或者封闭在未来的计划或预持之中；过去从来没有如此被保留和被认识。"②

从来没有任何"经验"可以如它（在"过去"）被"实际经历"到的那一"时刻"的样子被叙述出来，任何语言叙述都是对"过去"的"现在化"，而且不是一种纯粹的、自由的"现在化"，而是在"过去"的压迫下形成的一种"被动的""现在化"，"现在"从来也不能（在没有"过去"在场压迫的情况下）独自构成一个纯粹的"先验主体"："主体是时间主体，而现象

---

① [法]雅克·德里达：《胡塞尔哲学中的发生问题》，于奇智译，北京：商务印书馆 2009 年版，第 269 页。
② [法]雅克·德里达：《胡塞尔哲学中的发生问题》，于奇智译，北京：商务印书馆 2009 年版，第 169 页。

学'恰因主体'而可能。"① 也就是说，现象学本质上只能是一种"时间现象学"或"历史现象学"，而不可能（像胡塞尔设想的那样）是一种"纯粹现象学"或"先验现象学"。所以任何"原初的""（历史）经验"都不是某个历史的"亲历者"的"心理经验"，任何"心理经验"或解释学意义上的"体验"都是"历史叙述"的产物，都是被一个"现在"的讲述主体事后构成的关于过去的"回忆"。

---

① ［法］雅克·德里达：《胡塞尔哲学中的发生问题》，于奇智译，北京：商务印书馆 2009 年版，第 169 页。